마태복음 산책

내러티브와 드라마로 읽는 마태복음

산책하듯 읽는 신약 이야기 2

마태복음 산책

내러티브와 드라마로 읽는 마태복음

최갑종 지음

초판 1쇄 인쇄 2020년 9월 8일
초판 1쇄 발행 2020년 9월 14일

발행처 도서출판 이레서원
발행인 문영이
출판신고 2005년 9월 13일 제2015-000099호

기획, 마케팅 김정태
편집 송혜숙, 오수현
총무 곽현자

경기도 고양시 일산동구 백석로71번길 46, 1층 1호
Tel. 02)402-3238, 406-3273 / Fax. 02)401-3387
E-mail: jireh@changjisa.com
Website: jireh.kr / Facebook: facebook.com/jirehpub

책값은 표지에 있습니다.

ISBN 978-89-7435-542-5 04230
ISBN 978-89-7435-541-8 04230 (세트)

이 도서의 국립중앙도서관 출판예정도서목록(CIP)은 서지정보유통지원시스템 홈페이지(http://seoji.nl.go.kr)와 국가자료공동목록시스템(http://www.nl.go.kr/kolisnet)에서 이용하실 수 있습니다. (CIP 제어번호: 2020035563)

MATTHEW

최갑종 지음

산책하듯 읽는 신약 이야기 2

마태복음 산책

내러티브와
드라마로 읽는 마태복음

이레서원

추천사

탄탄한 학문적 배경, 건전하고 균형 잡힌 신학적 관점, 그리고 교회를 위한 실천적 관심이 잘 어우러져 있다. 마치 잘 조사된 한 편의 '다큐드라마'처럼, 저자는 예수에 관한 마태의 이야기의 흐름에 시선을 놓치지 않으면서도, 중간중간 독자가 궁금해할 만한 내용들을 꼼꼼하게 설명한다. 이 책의 장점은, 본문을 한없이 길고 복잡하게 주해하지 않았기에 독자가 가벼운 마음으로 마태복음 여행을 마친 후 마음에 담긴 권면들을 쉽게 챙길 수 있다는 것이다. 저자의 설명을 들으며 마태복음이라는 유적지를 예수와 함께 가 보고픈 사람들에게 적격이다.

채영삼 백석대 신학대학원 신약학 교수

들어가는 말

이 책은 2018년부터 2020년 사이에 미국의 몇몇 한인 신학대학원에서 강의했던 내용을 쉽게 정리한 것이다. 나는 30년간 교직에 있으면서 20여 권의 책을 집필했는데, 대부분 신학생이나 목회자가 읽을 만한 전문적인 내용이었다. 그래서 한 번쯤은 누구나 쉽게 읽고 이해할 수 있는 내용으로 책을 쓰고 싶었다. 이 책이 바로 그 책이다.

내 전공이 바울 서신 분야인데 어떻게 복음서에 대한 책을 썼는지 의아해하는 분들이 있을지도 모르겠다. 바울 서신으로 박사 학위를 받기는 했지만, 내가 미국 유학 중에 가장 많이 공부한 분야는 사실 복음서였다. 국내 신학대학에서도 바울 서신뿐 아니라 복음서도 가르쳤고, 복음서에 대한 책도 여러 권 집필했다. 주기도문 2권, 예수의 비유 2권, 그리고 역사적 예수 2권이다. 그리고 한국 신약학회의 「신약논단」과 한국 복음주의 신약학회의 「신약연구」에 복음서 논문을 여러 차례 투고했다. 이처럼 복음서는 늘 내 관심사 안에 있었다.

주후 1세기 그리스-로마-유대 사회에서 사람들에게 가장 익숙한 문학 장르 중 하나는 이야기와 드라마였다. 그 시대 사람들은 어릴 때부터 이야기를 들으면서 자라 왔다. 그리스-로마 사람들은 호메로스의 이야기나 오이디푸스 왕의 이야기를 즐겨 들었고, 유대 종교

문화권의 사람들은 아브라함, 요셉, 모세, 다윗 왕의 이야기를 즐겨 들었다. 오늘날처럼 인쇄된 책도 없었고, 대다수가 글을 읽을 수도 없었기 때문에, 이야기를 주고받는 것이 일상적인 일이었다. 이야기는 즐거움을 나누는 수단이자 효과적인 교육의 수단이기도 했다. 그래서 이야기를 더 효과적으로 전달하기 위한 수사학적 기교가 발달하게 되었다. 복음서에 이야기 형태의 비유와 설교가 많이 들어 있는 것도 이와 무관하지 않다.

마태복음도 일종의 이야기 형태의 드라마라고 볼 수 있다. 즉 마태복음 저자가 예수의 이야기를 독자들에게 익숙한 형태인 드라마로 만든 것이다. 당시 드라마를 구성하던 중요한 요소인 프롤로그(서막/시작), 발전, 도전과 대응, 절정과 반전, 에필로그를 마태복음에서 쉽게 찾아볼 수 있다는 것도 이 점을 뒷받침한다. 마태복음 1-4장에 나오는 예수의 출생과 초기 사역은 프롤로그, 5-10장의 산상 설교, 치유와 이적 사역, 제자 파송 설교는 전개 혹은 발전, 11-23장에 나오는 예수와 정치·종교 지도자들과의 갈등은 도전과 대응, 24-28장의 종말 설교, 수난과 죽음 및 부활 사건은 절정과 반전, 그리고 28:16-20은 에필로그에 해당된다.

마태복음을 드라마처럼 볼 수 있다고 하더라도, 당대의 드라마와는 차이점이 있다. 그리스-로마 사회에 널리 알려졌던 드라마는 사실에 근거하지 않고 대부분 작가가 창작하거나 전설로 내려온 이야기를 풀어 낸 것이다. 하지만 마태가 쓴 드라마는 1세기 팔레스타인에서 실제로 살았던 예수와 그분이 실제로 행하셨던 사역들을 그대로 기록한 것이다. 마태복음이 주후 70년 이전에 기록되었다면, 그리고 예수께서 활동하셨던 시기가 주후 28-30년이라면, 실제 사건과 이를 기록한 사이의 시간 간격은 40년이 채 되지 않는다. 마태복음에 나오는 내용이 저자가 초기 기독교 교회에서 30년 이상 가르쳤거나 구전으로 내려오는 설교에서 가져왔다면, 그리고 그 구전이 예수의 말씀을 직접 듣고 예수의 활동을 직접 보았던 제자들에게서 나왔으며, 그 구전을 여러 다른 목격자들이 검증하고 확인했다면, 이 드라마는 역사적 사실에 충실한 실제 이야기다.

이뿐만이 아니다. 마태가 쓴 드라마는 그 자체가 복음이다. 이 드라마에는 이를 듣고 믿는 사람을 구원으로 인도하는 하나님의 능력이 들어 있다. 말하자면 그 자체가 하나님의 능력이 나타나는 구원사다. 마태복음 저자와 독자들은 그 복음을 통해서 하나님의 아들 메시아 예수를 만나고, 구원받으며, 그분께 세상 끝 날까지 그들과 함께하시겠다는 임마누엘의 약속을 받는다. 그래서 그들은 로마 제국과 주류 유대인들에게 당하는 핍박과 생명의 위협을 극복할 수 있었다.

이 작은 책을 출판해 준 이레서원, 특별히 꼼꼼하게 원고를 읽고 편집과 교정을 담당한 송혜숙 과장에게 감사를 표한다. 아무쪼록 이 책을 읽는 독자들이, 마태복음의 첫 독자들이 경험했던 감격과 구원의 은총과 용기를 동일하게 체험하기 바란다.

2020년 7월

미국 조지아주 애틀랜타에서

최갑종

차례

추천사 005

들어가는 말 006

서론 013

I. 프롤로그: 드라마의 주인공 예수 1:1–4:25 027

1. 예수의 계보(1:1–17) 031
2. 예수의 출생(1:18–25) 036
3. 동방 박사들, 그리고 헤롯 왕(2:1–23) 038
4. 세례와 소명을 받으시다(3:1–17) 042
5. 시험을 당하시다(4:1–11) 045
6. 갈릴리 초기 사역(4:12–25) 051

II. 발전: 메시아적 사역 5:1–11:1 057

1. 산상 설교(5:1–7:29) 060

(1) 팔복(5:3–12)

(2) 세상의 소금과 빛(5:13–16)

(3) 예수와 율법(5:17–48)

(4) 구제와 기도(6:1–8)

(5) 주기도문(6:9–15)

(6) 금식과 재물(6:16–34)

(7) 비판(7:1–6)

(8) 기도와 응답, 넓은 길과 좁은 길(7:7–29)

2. 치유와 이적 사역(8:1–9:38) 108
(1) 나병환자와 중풍병자를 고치시다(8:1–13)
(2) 베드로의 장모와 귀신 들린 자를 고치시다(8:14–17)
(3) 제자의 조건(8:18–22)
(4) 자연과 영적 세계를 통제하시다(8:23–34)
(5) 중풍병자를 고치시다(9:1–8)
(6) 세리 마태를 부르시다(9:9–13)
(7) 금식 논쟁(9:14–17)
(8) 계속되는 여러 치유 사역(9:18–38)
3. 제자 파송 설교(10:1–11:1) 123

III. 도전과 대응: 배척당하신 예수의 반응 11:2–23:39 131
1. 세례 요한과 예수(11:2–19) 135
2. 두 반응: 배척과 수용(11:20–30) 138
3. 배척당하시다(12:1–50) 140
4. 예수의 대응: 천국 비유 설교(13:1–58) 145
5. 심화되는 도전과 대응(14:1–20:34) 153
(1) 세례 요한의 죽음(14:1–12)
(2) 오병이어 기적(14:13–21)
(3) 물위로 걸으시다(14:22–36)
(4) 바리새인과 서기관들의 도전(15:1–20)
(5) 가나안 여자의 믿음(15:21–28)
(6) 치유 사역과 표적(15:29–39)
(7) 표적 요구(16:1–12)
(8) 베드로의 신앙 고백, 예수의 수난 및 죽음 예고(16:13–28)
(9) 영광스럽게 변화되시다(17:1–13)

(10) 귀신 들린 아이를 고치고, 성전세를 내시다(17:14–27)

(11) 교회 생활에 대한 설교(18:1–35)

(12) 이혼 문제 제기(19:1–12)

(13) 천국 백성의 조건(19:13–20:16)

(14) 제자들의 자리다툼, 예수의 두 맹인 치유(20:17–34)

6. 지도자들을 향한 심판 선언 21:1–23:39 182

(1) 예루살렘 입성과 성전 청결 사건(21:1–17)

(2) 심판을 선언하시다(21:18–22:14)

(3) 세금, 부활, 계명, 다윗의 자손 논쟁(22:15–46)

(4) 서기관과 바리새인을 꾸짖으시다(23:1–39)

IV. 절정과 반전: 수난, 죽음, 그리고 부활 24:1–28:20 197

1. 종말 설교(24:1–25:46) 200

2. 수난, 십자가에서 죽으시다(26:1–27:61) 209

(1) 죽음을 준비하시다(26:1–46)

(2) 체포되고 재판을 받으시다(26:47–27:26)

(3) 처형당하고 장사되시다(27:27–61)

3. 위대한 반전: 부활과 새로운 시작(27:62–28:20) 223

(1) 무덤을 지키는 경비병들(27:62–66)

(2) 부활(28:1–15)

(3) 에필로그: 부활하신 예수의 분부(28:16–20)

나가는 말 231

주요 참고 문헌 234

서론

마태복음(원문은 "마태에 따른 복음")을 하나님의 아들 메시아 예수의 '이야기'(narrative)나 '드라마'(drama)로 볼 수 있을까? '이야기'는 줄거리(플롯)가 있는 예수에 관한 서사(내러티브)로 읽는 것이고, '드라마'는 마태복음의 흐름을 주인공 예수의 말과 행동을 중심으로 보는 것이다. 양자는 사실상 동전의 앞면과 뒷면처럼 보는 관점의 차이일 뿐 내용상 차이는 없다.

마태복음에는 수많은 인물이 등장하지만 그중 주인공은 하나님의 아들 메시아 예수뿐이다. 주요 등장인물은 아브라함, 다윗, 요셉, 마리아, 헤롯, 동방 박사들, 세례 요한, 열두 제자, 갈릴리와 예루살렘에 거주하는 무리, 대제사장, 서기관들, 사두개인들, 바리새인들, 로마의 군인들, 총독 빌라도, 예수의 치유와 이적을 경험한 수혜자들이다. 주된 줄거리는 예수의 활동, 즉 그분의 탄생에서부터, 시험, 세례, 제자 선택, 설교, 하나님 나라의 선포, 이적과 치유, 정치·종교 지도자들과의 갈등, 십자가에서의 죽음과 부활, 선교 명령과 임마누엘 약속이다. 배경은 주후 1세기의 팔레스타인, 주로 갈릴리 주변과 예루살렘이다. 지역적으로는 갈릴리에서 출발하여 예루살렘에 이르렀다가 다시 갈릴리로 돌아가고, 시간적으로는 메시아 예수의 출생에서 시작하여 그분의 죽음과 부활까지다. 그리고 공간적으로는 동방의 박사들이 아기 예수에게 경배한 베들레헴에서 출발하여 부활하신 예수가 지시하신 갈릴리의 한 산에 열한 제자가 도달하는 것으로 끝난다.

마태복음은 신약성경 전체는 물론 사복음서 중에서도 제일 앞부분에 배치되어 있다. 왜 이렇게 배치되어 있을까? 정확하게 알 수 없지만, 마태복음이 다른 복음서보다 먼저 기록되었다거나, 더 중요하기 때문이라는 주장은 설득력이 약하다. 오늘날 대다수의 학자는 마가복음이 마태복음보다 먼저 기록되었다고 본다. 그리고 마태복음을 다른 복음서들보다 위에 두는 것은 그 복음서들의 가치를 폄하하는 것이다. 마태복음이 초기 기독교 공동체에 널리 알려졌고 그래서 예배에 자주 사용되었기에 앞부분에 배치되었으리라고 추정하는 것이 더 바람직하고 설득력도 있다. 1세기 말이나 2세기 초의 작품인, 사도들의 문집 「디다케」(*Didache*)에서 마태복음에 나오는 산상 설교와 주기도문 등을 많이 활용한다는 점이 이를 지지해 준다.

마태복음은 언제, 누가, 누구를 대상으로, 무엇을 위해 기록했을까? 대부분의 현대 신학자들은 세리였다가 제자가 된 사도 마태가 기록했다는 전통적인 주장을 받아들이기를 주저한다. 그렇다고 해서 누군가를 마태복음의 저자라고 명확하게 내세우지도 못한다. 본서에서는 마태복음이 애초에 "마태에 따른 복음"이라는 표제로 알려졌고, 초기 기독교 교부들도 사도 마태의 저작설을 지지하는 점을 감안하여, 마태복음의 저자를 사도 마태로 보고자 한다. 만일 누군가가 이를 부정하려면, 왜 전통적인 견해가 잘못되었는지를 증명해 내야 한다. 그러나 그동안 아무도 증명하지 못했다.

사도 마태가 첫 복음서의 저자라면, 그는 어떤 상황에서 이 복음서를 썼을까? 가능성이 있는 시나리오는-증명하기는 어렵지만-다음과 같다. 오순절 성령 강림 사건과 베드로의 설교 이후 예루살렘 교회가 형성되고 발전되어 가면서 베드로 홀로 교회를 운영하지는 않았을 것이다. 사도행전 6장 서두를 보면, 예루살렘 교회 안에서 구제 문제로 본토 유대인 신자들(히브리파)과 디아스포라 유대인 신자들(헬라파) 사이에 갈등이 일어난다. "열두 사도가 모든 제자를 불러 이르되 우리가 하나님의 말씀을 제쳐 놓고 접대를 일삼는 것이 마땅하지 아니하니"(행 6:2), "우리는 오로지 기도하는 일과 말씀 사역에 힘쓰리라"(행 6:4)라는 기록은 예루살렘 교회가 열두 사도에 의해 공동으로 운영되었음을 암시한다. 오순절 사건 이후 짧은 기간 동안 성도가 수천 명으로 늘어났다면(행 2:41, 47; 4:4), 베드로 혼자 이 모든 교인을 관리하기가 어려웠을 것이다. 그러므로 열두 사도가 한 교구씩 맡아 관리했을 가능성이 크다.

잘 알려진 것처럼 주후 60년대에 접어들면서 갈릴리와 예루살렘 인근은 유대인들과 로마 제국 군대 사이에서 일어난 비극적인 전쟁의 소용돌이에 휩쓸린다. 그런데 예루살렘 교회의 신자들은, 초기 교회 역사가 유세비우스(260-340년)가 전하듯이, 이 전쟁에 가담하지 않고 교구를 중심으로 각각 피난을 간 것 같다. 사도 마태의 관할 교구 교인들도 사도를 따라 피난길에 나선다. 그 수가 얼마인지 알 수 없지만, 그들은 이미 안디옥 교회가 기반을 잡고 있었던 시리아 북쪽 지역으로 이동한 것 같다. 그곳은 신자가 전혀 없는 불모지보다는 상대적으로 더 안전한 곳이었다. 당시 안디옥 지역은 인구가 40-50만 명에 이르렀고, 유대인들도 많이 거주하고 있었기 때문에, 다른 지역보다는 정착하기가 유리했을 것이다.

하지만 마태가 이끄는 교인들이 60년대 후반 시리아 안디옥 인근에 도착했을 때 그곳의 상황은 좋지 않았다. 여전히 유대인들과 로마 제국과의 전쟁이 치열하게 전개되고 있었다. 따라서 로마 제국 군대와 관리들은 팔레스타인 남쪽에서 올라온 유대인들을 주시하고 있었을 것이다. 더구나 당시 시리아 지역에 황제 숭배 사상이 만연해 있었던 점을 감안한다면 마태의 교구가 낯선 땅에 정착하는 과정에 여러 가지 어려움이 있었을 것이다.

로마 제국의 위협만 받은 것이 아니다. 60년대 후반에는 예수를 믿는 기독교 공동체와 유대교를 믿는 공동체가 아직 완전히 분리되지는 않았지만, 유대교 신자들은 같은 동족인 유대인 기독교인들에게 결코 우호적이지 않았다. 오히려 거짓된 메시아 예수를 추종한다고 생각하여 강한 적대감을 표출했고, 로마 제국 당국자들에게 그들을 박해하라고 부추기기도 했다. 하지만 마태의 교구는 와해되지 않고, 여러 개의 가정 교회를 중심으로 모였다. 그 지역의 유대인들과 유대교를 믿었던 이방인들, 그리고 기독교 신앙에 관심이 있는 이방인들도 차츰 이 교회의 모임에 참여하게 되었다.

그렇다 해도 로마 제국의 박해와 유대교 신자들의 적대감은 공동체의 존립을 흔드는 위협으로 작용했다. 내부적으로는, 새로 들어온 신자들과 기존 신자들, 특별히 소수의 이방인 신자들과 기존의 다수의 유대인 신자들 사이에서 율법, 성전, 유대교 절기와 음식법 등의 수용 문제를 놓고 적지 않은 긴장과 갈등이 있었다. 또 박해를 견디다 못해 신앙을 포기하거나 명목상 신자로 머무는 자들도 있었다. 그리고 안디옥 교회를 통해 인근 지역에 유포되고 있었던 바울 복음을 왜곡하여, 곧 제자도와 행함의 열매가 없어도 믿음만으로 구원받는다고 주장하면서 신앙생활을 등한히 하거나 혹은 이를 조장하는 거짓 교사들도 등장했다. 하지만 이런 와중에서도 예수에 대한 확고한 신앙을 끝까지 고수하려는 자들도 적지 않았다. 이런저런 상황을 고려해 볼 때 60년대 후반 마태의 교인들은 안팎으로 심각한 위협에 직면해 있었다.

만일 마태복음이 60년대 말이나 70년대 초에 기록되었다면, 마태는 나이가 많은 노인이었기에, 여러 지역에 흩어져 있던 가정 교회들을 돌보거나 순회하기가 쉽지 않았을 것이다. 그래서 자신이 죽기 전에, 각 교회를 견고하게 지키고 보존할 수 있게 해 주는 내용으로 책을 집필하고자 했을 것이다. 이 복음서가 교회가 안팎으로 직면한 여러 문제를 해결하고, 예수의 신실한 공동체로서 그 정체성을 확고하게 확립할 수 있게 해 주기를 바랐을 것이다.

마태는 단순히 복음에 관련된 한 책을 집필하려는 것이 아니었다. 자신이 직접 눈으로 보고 귀로 들었던 그 복음, 곧 그가 믿고 가르치고 설교했던 메시아 예수에 대한 이야기를 독자들에게 드라마 형식으로 전달하고자 했다. 이 형식은 그리스-로마 문화는 물론 유대 문화에서도 매우 널리 알려진 문학 형태였다. 유대인 신자들은 구약성경에 나오는 아브라함과 요셉 이야기, 출애굽 사건, 다윗 왕의 일대기, 바빌론 포로기, 메시아 이야기를 어릴 때부터 듣고 자랐다. 이방인 신자들은 호메로스와 오이디푸스 왕, 그리스-로마의 전쟁 이야기 등을 들으면서 자라 왔다. 당시 "복음"은 그리스-로마-유대 사회의 크리스천들에게 이미 예수의 이야기, 곧 다윗의 후손 메시아, 하나님의 아들, 제자들을 부르심, 하나님의 나라(천국)에 대한 가르침과 설교, 치유와 이적 사역, 유대 당국자들과의 대립, 십자가에서 죽으신 후 부활하셨다는 내용을 중심으로 하는 일종의 예수 내러티브로서 독특한 문학 장르를 형성하면서 널리 유포되고 있었다(막 1:1; 고전 15:3-4; 롬 1:2-4).

복음서가 기록되기 전에 교회에 알려진 구두 복음, 이를테면, 가장 초기 복음으로 알려진 고린도전서 15:3-4의 "성경대로 그리스도(메시아)께서 우리 죄를 위하여 죽으시고, 장사 지낸 바 되셨다가 성경대로 사흘 만에 다시 살아나사"와, 로마서 1:2-4에 언급된 "이 복음은 하나님이 선지자들을 통하여 그의 아들에 관하여 성경에 미리 약속하신 것이라. 그의 아들에 관하여 말하면 육신으로는 다윗의 혈통에서 나셨고, 성결의 영으로는 죽은 자들 가운데서 부활하사 능력으로 하나님의 아들로 선포되셨으니, 곧 우리 주 예수 그리스도시니라"가 이와 같은 사실을 단편적으로 보여 준다. 마가복음 저자가 전체 내러티브의 표제를 "하나님의 아들 예수 그리스도의 복음의 시작이라"(막 1:1)라고 정한 점도, 메시아이며 하나님의 아들이신 예수에 대한 내러티브가 기록된 복음서가 나타나기 전에 이미 구전 형태의 이야기로 널리 알려졌음을 보여 준다.

이 복음은 단순히 역사 안에서 태어나고 활동하셨던 예수에 관한 전기(傳記)가 아니었다. 복음이 선포하는 메시아, 하나님의 아들, 우리 죄를 대신하여 십자가에서 죽으시고, 우리에게 구원과 영생을 주려고 부활하신 예수는 성령을 통하여 지금도 교회 안에서 임재하고 활동하시는 임마누엘 예수이시다. 그래서 바울은 "복음은 모든 믿는 자에게 구원을 주시는 하나님의 능력이 됨이라 … 복음에는 하나님의 의가 나타나서"(롬 1:16-17)라고 선언한다.

십자가에 달려 돌아가신 예수를 부활하신 그리스도와 어느 순간에도 분리할 수 없듯이, 복음의 내러티브를 통해 소개되는 예수와 교회에 임재하셔서 활동하시는 예수 그리스도를 결코 분리할 수 없다. 마태복음 저자는 부활하신 예수의 마지막 분부를 결론 부분에서 소개하며 이 점을 분명히 밝힌다. "하늘과 땅의 모든 권세를 내게 주셨으니, 그러므로 너희는 가서 모든 민족을 제자로 삼아 아버지와 아들과 성령의 이름으로 세례를 베풀고, 내가 너희에게 분부한 모든 것을 가르쳐 지키게 하라. 볼지어다. 내가 세상 끝날까지 너희와 항상 함께 있으리라"(28:18-20). 그러므로 마태는 단순히 과거의 예수 이야기가 아니라, 지금도 살아 임재하시는 예수에 대한 내용을 집필한다는 확신과 두려움을 가지고 있었을 것이다.

마태복음은 예수 당대에 중동 인근에서 통용되는 코이네 헬라어로 기록되었다. 28장으로 되어 있는 이 문서는 아마도 파피루스를 연결하여 한 문서로 만들 수 있는 최대의 분량이었을 것이다. 마태복음의 문학 구조에 대해서는 학자들의 의견이 통일되어 있지 않다. 어떤 학자는 마태복음에서 다섯 번 반복되는 문구, "예수께서 말씀을 마치시고"(7:28; 11:1; 13:53; 19:1; 26:1)에 근거하여, 구약의 모세오경처럼 마태복음이 예수의 다섯 설교, 즉 산상 설교(5-7장), 선교 설교(10장), 천국 비유 설교(13장), 교회 생활 설교(18장), 종말 설교(24-25장)와 그 다섯 설교 앞에 나오는 다섯 종류의 사역으로 구성되어 있다고 본다. 또 어떤 학자는 두 번 반복되는 문구, "이때부터 예수께서 비로소 나타내시니라"(4:17; 16:21)에 근거하여, 마태복음이 하나님의 아들 예수의 인격(1:1-4:16), 예수의 선포(4:17-16:20), 예수의 고난, 죽음, 부활(16:21-28:20)과 같이 세 부분으로 구성되었다고 본다. 또는 마태복음을 크게 1-11장과 12-28장으로 나누어, 전자는 예수가 유대인들에게 하나님의 나라를 전파하신 사역에 대한 내용이고, 후자는 유대인들이 그들의 메시아인 예수를 거부하는 내용이라고 보는 학자들도 있다.

마태복음이 일정한 플롯을 가지고 있다는 점에서는 많은 학자가 의견을 같이한다. 저자는 복음서를 쓰기 전에 어떻게 구성해야 좋을지 심사숙고했을 것이다. 누가복음의 저자는 서문에서 "처음부터 목격자와 말씀의 일꾼된 자들이 전하여 준 그대로 내력을 저술하려고 붓을 든 사람이 많은지라"(눅 1:2)라고 하면서, 자기보다 앞서 예수에 대한 이야기를 쓴 사람이 많았다고 밝힌다. 마태 역시 집필을 위해 자료들을 수집하고 정리했을 뿐 아니라, 더 효과적으로 이야기를 전하려고 여러 문학적 구조를 염두에 두었을 것이다. 그리스-로마-유대 사회에서는 내러티브 구성에서 플롯을 매우 중요하게 여겼다.

마태복음의 저자가 열두 제자 중 한 명인 사도 마태라면, 그는 예수의 인격과 사역을 옆에서 눈으로 보고 귀로 들었던 목격자였다. 주후 1세기는 청각 문화가 발달했었기에 현대인들과 달리 그 시대 사람들은 기억력이 탁월했다. 그리고 제자 교육이 주로 반복과 암기와 모범을 통해 이루어졌기에 예수와 침식을 같이했던 열두 제자는 3년 동안 보고 들었던 그분의 언행을 다 기억할 수 있었다. 그렇다고 해서 복음서의 모든 내용을 기억의 산물로만 여겨서는 안 된다. 사람의 기억력에는 한계가 있기 마련이다. 이 문제와 관련하여 요한복음 저자는 매우 시사적인 언급을 한다. "보혜사 곧 아버지께서 내 이름으로 보내실 성령 그가 너희에게 모든 것을 가르치고 내가 너희에게 말한 모든 것을 생각나게 하리라"(요 14:26; 참조. 요 16:13). 예수의 약속대로 오순절에 오신 보혜사 성령이 실제로 제자들의 기억력을 통제하셨다. 그러므로 우리는 복음서가 전하는 예수 이야기를 충분히 신뢰할 수 있다.

복음서는 적어도 60년대 이후에 등장했을 것이다. 이보다 앞서 기록된 바울 서신에서는 복음서를 전혀 언급하지 않는다. 그렇다면 예수께서 실제로 활동하셨던 시기와 복음서가 등장한 시기 사이에는 적어도 30년 이상의 시간적인 공백이 있다. 하지만 기록된 복음서가 아직 세상에 나타나지 않았다고 하더라도, 바울 서신에서 말하듯이(고전 11:23; 15:1), 사람들을 통해서 전달되는 구전 형태의 복음은 이미 초대 기독교 공동체 안에서 널리 퍼져 가고 있었다. 그리고 이 구전 형태의 복음은 훼손과 오류의 입력을 피하기 위해 말씀의 목격자요 증인들인 열두 사도의 통제 아래 있었음이 분명하다(행 6:2-4).

마태복음 저자는 말씀의 목격자와 증인 그룹에 속했으므로 이러한 권위 있는 구전 형태의 예수 이야기를 잘 알고 있었고, 개인적으로 기억하던 이야기도 있었기에, 복음서를 기록할 때 이를 모두 효과적으로 활용할 수 있었을 것이다. 그리고 이 복음서 전에 이미 기록된 다른 복음서가 있었다면 마태가 이를 활용했을 가능성도 배제할 수 없다. 사실 오늘날 대부분의 학자는 마가복음에 나오는 내용과 어휘들이 마태복음에 97% 이상, 누가복음에 88% 이상 나오는 점에 근거하여 마가복음이 제일 먼저 기록되었다고 본다. 그리고 마태와 누가가 각각 복음서를 기록할 때 일차적으로는 마가복음을 참조했고, 공통적으로는 자료 Q를, 그리고 개별적으로 가진 M과 L 자료를 활용했다고 본다. 사실 마태복음과 마가복음, 누가복음은 내용과 어휘 사용에 유사성이 있을 뿐 아니라 사건의 기록 순서도 비슷하기 때문에 서로의 문학적 의존성을 부인하기는 어렵다. 하지만 마태복음에는 마가복음과 누가복음에 나오지 않는 독특한 내용들이 많이 담겨 있다. 저자는 기존의 자료를 활용하여 자신의 교회 공동체에 가장 적절한 예수 이야기를 전하고, 그 이야기를 통해 교회가 당면한 여러 문제를 해결하고 신앙 공동체로서 굳게 서기를 바랐을 것이다.

이 모든 사실을 종합해 볼 때, 마태복음은 저자나 마태 공동체가 자신들의 신앙을 표현하고자 예수 이야기를 꾸미거나 창작한 글이 아니다. 주후 1세기에 존재했던 역사적인 인물 예수, 그 예수가 가르치고 설교하고 활동한 사실에 철저하게 그 뿌리를 둔다. 저자와 공동체의 관심은 그들의 신앙 이야기가 아닌, 그들의 신앙의 대상인 예수에 대한 실제적인 이야기였다. 그 실제적인 이야기는 구원을 가져오는 하나님의 능력이요 구원의 역사다. 그 이야기로 말미암아 신자들은 로마 제국과 유대교의 압박과 핍박을 견딜 수 있었다. 마태는 독자들을 염두에 두고 수많은 이야기 중 일부를 취사선택하여 문학적으로 배열했다. 우리는 사복음서 중에서 왜 마태복음에만 긴 산상 설교가 나오는지, 또 독특한 교훈과 비유와 설교를 수록하고 있는지를 생각해 보아야 한다. 이들을 통해서 저자의 의도나 독자들의 형편을 유추할 수 있다. 예수 이야기 안에 반영되어 있는, 저자와 독자의 삶의 정황을 살펴보는 일도 중요하다.

마태복음이 예수에 관한 충실한 역사적 사실을 담고 있다고 하더라도 충실한 전기는 아니다. 마태복음에서는 예수의 출생은 언급하지만 십 대의 청소년 시절, 이십 대의 청년 시절은 다루지 않는다. 다른 복음서들처럼 주후 28년에 시작된 공적인 메시아 사역부터 주후 31년에 일어난 십자가에서의 죽음과 부활 사건까지에 집중한다. 그리고 마태복음의 내용이 대체로 역사적 순서대로 기록된 것은 분명하지만 모든 면에서 그러한 것은 아니다. 마태는 예수의 내러티브를 공동체에 더 효과적으로 전달하기 위한 플롯을 중심으로 마태복음을 구성했다. 이 복음서의 핵심 내용은, 예수가 다윗의 후손으로 온 메시아이며 하나님의 뜻을 수행하는 하나님의 아들이고, 그분이 이스라엘의 회복을 위해, 더 나아가서 인류 전체의 회복과 구원을 위해, 십자가에서 죽으시고 사흘 만에 부활하셔서, 이제 하늘과 땅의 모든 권세를 가지고 교회 공동체 안에 늘 함께 계시는 임마누엘이라는 것이다.

본서에서는 마태복음의 예수 이야기를 고대 그리스-로마-유대 사회에 익히 알려져 있었던 한 편의 드라마처럼 1) 프롤로그(1-4장),

2) 발전(5-10장), 3) 도전과 대응(11-23장), 4) 절정과 반전, 에필로그(24-28장)와 같이 4막으로 나누어 살펴보고자 한다.

저자는 복음서 전체뿐만 아니라 부분적으로도 드라마 형식을 즐겨 사용한다. 예를 들면 마태복음에만 나오는 예수의 비유 대부분이 3막 형태의 드라마로 구성되어 있다. 18장에 나오는 용서하지 않는 악한 신하의 비유를 보자.

1막: 일만 달란트의 빚을 진 신하가 임금에게 빚을 모두 탕감받음
2막: 신하가 자신에게 일백 데나리온의 빚을 진 동료를 옥에 가둠
3막: 이 사실을 들은 임금이 대노하여 악한 신하를 소환해서 빚을 갚을 때까지 옥에 가둠

20장에 나오는 포도원 품꾼들의 비유도 3막으로 구성되어 있다.

1막: 포도원 주인이 품꾼들을 고용함
2막: 처음에 고용된 일꾼이나 나중에 고용된 일꾼이나 모두 한 데나리온의 삯을 받음
3막: 처음에 고용된 일꾼이 주인을 찾아가 부당한 대우를 받았다고 불평하다가 오히려 주인에게 책망을 받음

25장에 나오는 달란트 비유도 보라.

1막: 여행을 떠나는 주인이 종들에게 다섯 달란트, 두 달란트, 한

달란트를 맡김

2막: 다섯 달란트와 두 달란트를 받은 종들은 열심히 장사하여 각각 열 달란트, 네 달란트를 남겼으나 한 달란트를 받은 종은 일하지 않고 달란트를 땅에 묻음

3막: 이익을 남긴 종들은 주인에게 칭찬받고, 한 달란트를 그대로 가져온 종은 엄한 책망을 받고 내쫓김

이처럼 저자는 예수 이야기를 드라마처럼 재현하기를 즐겨한다. 마태복음 전체를 4막의 드라마로 보는 것이 최상의 문학적인 접근은 아니라 할지라도 드라마 형식에 익숙했던 마태복음의 첫 독자들이 예수 이야기의 흐름을 더 잘 이해할 수 있도록 도왔을 것임은 분명하다.

I. 프롤로그: 드라마의 주인공 예수
(1:1-4:25)

1. 예수의 계보(1:1-17)
2. 예수의 출생(1:18-25)
3. 동방 박사들, 그리고 헤롯 왕(2:1-23)
4. 세례와 소명을 받으시다(3:1-17)
5. 시험을 당하시다(4:1-11)
6. 갈릴리 초기 사역(4:12-25)

I

프롤로그

드라마의 주인공 예수

1:1-4:25

드라마는 고대 그리스-로마 시대부터 오늘날에 이르기까지 대중의 사랑을 많이 받는 예술 장르다. 고대 그리스 3대 비극 작가인 소포클레스(주전 497-406년)의 작품 『오이디푸스 왕』과 근대 서양의 최고의 극작가 셰익스피어(주후 1564-1616년)의 『햄릿』은 시대를 초월하여 지금도 대중에게 큰 사랑을 받고 있다. 한국에서는 『춘향전』이나 『홍길동전』이 그러하다. 이 작품들은 이야기로 전해 내려오다가 작가가 플롯을 가진 드라마로 재구성한 것이다. 뛰어난 드라마는 반드시 탄탄한 플롯, 즉 좋은 구성이 갖추어져 있다. 아리스토텔레스(주전 385-323년)는 이미 주전 4세기에 『시학』 6장에서 "플롯은 드라마의 가장 중요한 목적이다. … 드라마의 생명과 영혼은 플롯이다"라고 주장했다.

동서양을 막론하고 드라마는 대개 4단계로 구성된다. 첫 단계는 드라마의 서막에 해당하는 프롤로그다. 여기에서는 주인공을 소개하고, 주인공을 중심으로 이야기가 어떻게 전개될지 미리 보여 준다. 두 번째는 이야기의 발전 내지 확장 단계다. 주인공의 다양한 활동을 소개하고, 주인공에 대한 청중의 상반된 반응을 그린다. 즉 우호 세력과 반대 세력이 부각된다. 세 번째 단계에서는 주인공과 반대 세력과의 첨예한 갈등과 위기 상황이 나타난다. 반대 세력은 주인공을 음해하고, 주인공은 반대 세력에 대응하면서 자신의 길을 묵묵히 걸어간다. 마지막 단계는 절정과 반전, 그리고 에필로그다. 반대 세력이 주인공을 제거하려고 시도하여 주인공이 생사의 위기 상황에 봉착한다. 주인공이 위기를 극복하지 못할 경우 그 드라마는 비극으로 끝나고, 주인공이 극적인 반전을 꾀하면 청중은 카타르시스를 느끼고 희망을 갖는다.

마태복음을 드라마로 볼 때 1-4장이 프롤로그 단계다. 이 단계에서 주인공 예수가 소개된다. 그분의 신적인 출생, 주인공을 제거하려는 헤롯 왕, 주인공의 우호 세력인 박사들, 주인공이 세례와 신적인 소명을 받음, 시험을 당함, 갈릴리 초기 사역 등을 다룬다. 이 프롤로그는 그다음 단계인 발전 및 확장(5-10장)의 길을 준비한다. 주인공 예수는 청중에게 자신이 어떤 사람인지, 무엇을 하려는지 분명하게 밝히신다. 여기서 짚고 넘어가야 할 점은 마태가 쓴 드라마는 그리스-로마는 물론 근대의 드라마와는 달리 사실에서 모방한 창작물이 아니라는 것이다. 이 드라마는 그 자체가 역사적 사실의 재현이며, 그 자체가 복음이고, 그 자체가 하나님의 구원사다. 이런 점에서 마태의 드라마는 고대는 물론 현대의 드라마와도 근본적으로 격을 달리한다.

1. 예수의 계보(1:1-17)

신약성경의 첫 부분에 자리 잡은 마태복음은 구약성경과 신약성경을 연결하는 역할을 한다. 마태복음에 구약의 인용(1:22-23; 2:15; 2:17-18; 2:23; 4:14-16; 8:17; 12:17-21; 13:35; 21:4-5; 27:9-10)과 유대적 배경이 많이 등장한다는 사실이 이 점을 뒷받침한다. 마태복음은 예수 이야기를, 독자들이 잘 아는 구약의 대표 인물, 특별히 구약의 메시아사상에 지대한 영향을 미친 이스라엘의 아버지 아브라함과 이스라엘의 위대한 왕 다윗과 연결하면서 시작한다: "아브라함과 다윗의 자손 예수 그리스도의 계보라"(1:1). 이것이 마태가 전하는 예수 드라마 프롤로그의 제목이다. 이 제목은 사실상 마태복음 전체를 이끌어 가는 플롯의 핵심 내용이기도 하다. 마태가 쓴 드라마는 아브라함과 다윗의 자손인 메시아 예수의 이야기라는 것이다. 그분의 신적 출생, 세례, 시험, 제자 선택, 설교, 하나님 나라의 도래 선포, 치유와 이적, 정치·종교 지도자들과의 갈등, 죽음과 부활, 우주적 통치권을 가진 주로 높아짐, 모든 민족을 제자 삼으라는 분부, 세상 끝 날까지 자기 백성과 함께하시겠다는 임마누엘 약속 등이 그 내용이다.

하나님께서는 아브라함에게 그의 후손을 통해 큰 민족(이스라엘)을 형성하고, 온 세상이 복을 누리게 하겠다고 약속하셨다(창 12:2-3). 이 약속은 아담의 범죄로 인해 타락한 이 세상을 회복하시겠다는 창조주 하나님의 의지의 표현이다. 하나님은 이 약속을 지키기 위해, 백 세가 된 아브라함에게 아들 이삭을 주셨다. 그리고 이삭의 아들인 야곱을 통해 이스라엘 민족을 형성하셨다. 야곱의 후손들이 이집트 땅에 가서 크게 번성하여 큰 민족을 이루자 이집트 왕 바로는 이스라엘 민족이 사내 아기를 낳을 경우 나일강에 던져 죽게 했다. 하나님께서는 아브라함에게 약속한 것을 지키시고자 역사 속으로 친히 개입하셨다. 곧 출애굽 사건으로 이집트 왕 바로의 세력을 심판하시고, 이스라엘 민족을 구원하심으로써 언약에 대한 신실함을 보이셨다. 모세는 언약을 지키신 하나님의 신실함을 출애굽기에서 이렇게 요약한다:

> 여러 해 후에 애굽 왕은 죽었고 이스라엘 자손은 고된 노동으로 말미암아 탄식하며 부르짖으니, 그 고된 노동으로 말미암아 부르짖는 소리가 하나님께 상달된지라. 하나님이 그들의 고통 소리를 들으시고 하나님이 아브라함과 이삭과 야곱에게 세운 그의 언약을 기억하사, 하나님이 이스라엘 자손을 돌보셨고, 하나님이 그들을 기억하셨더라(출 2:23–25).

그러나 이스라엘 역사를 보면 출애굽한 이스라엘 민족은 광야 시대, 사사 시대, 왕정 시대를 거쳐 오면서 하나님께 계속적인 범죄와 반역을 저지름으로써 하나님이 아브라함에게 약속하신, 큰 민족 형성과 모든 민족이 복을 받게 하는 복의 통로가 되지 못했다(참조. 느

9:7-38; 행 7:1-53). 결국 그들은 바빌론 제국에 멸망당했고, 성전도 파괴되었다. 바빌론 제국이 페르시아 제국에 멸망당한 후 바빌론에 정착하고 있던 이스라엘 후예의 일부가 팔레스타인 땅으로 귀환했지만 그들은 독립된 국가도, 큰 민족도 형성하지 못했다. 오히려 계속해서 강대국 페르시아, 그리스, 로마 제국의 지배를 받았다. 그들은 여전히 포로 된 상태였고, 하나님께서 아브라함에게 주신 그 약속이 이루어질 날을 계속 기다리고 있었다.

마태가 드라마의 서막에서 주인공 예수를 아브라함의 후손으로 소개한 것은 예수가 바로 하나님이 아브라함에게 약속하신 내용의 성취자임을 강조하는 표현이다. 예수를 통해서 약속이 성취로, 옛 시대가 새 시대로, 옛 이스라엘이 새 이스라엘로, 하나님과 멀리 떨어져 있던 모든 이방인이 하나님께 가까이 와서 복을 누리는 시대로 바뀌었다. 바울은 갈라디아서에서 메시아 예수를 하나님이 아브라함에게 약속하신 그 자손으로(갈 3:16), 그리고 "예수 안에서 아브라함의 복이 이방인에게 미치게"(갈 3:14) 되었다고 언급한다. 그렇다면 예수를 다윗의 후손으로 소개하는 것에는 어떤 의미가 있을까? 다윗은 이스라엘 민족 모두가 다 아는 인물이다. 바빌론 포로기 이후 이스라엘 민족은 그들을 세계의 중심 국가로 만들어 주실 메시아가 오실 것이고, 그 메시아가 다윗의 후손으로 오시리라고 기대하고 있었다. 이러한 메시아 대망 사상에 결정적인 영향을 미친 것은 하나님께서 나단 선지자를 통해 다윗에게 주신 약속이다:

네 수한이 차서 네 조상들과 함께 누울 때에 내가 네 몸에서 날 네 씨를 네 뒤에 세워 그의 나라를 견고하게 하리라. 그는 내 이름을 위하여 집을 건축할 것이요, 나는 그의 나라 왕위를 영원히 견고하게 하리라. 나는 그에게 아버지가 되고 그는 내게 아들이 되리니(삼하 7:12–14a).

다윗의 후손은 하나님의 집을 건축하고, 하나님의 나라 왕위를 영원히 견고하게 하며, 하나님을 아버지라고 부르는 하나님의 아들이다. 이 내용을 실현할 다윗의 후손을 솔로몬으로 볼 수 없는 이유는 그가 죽은 후 이스라엘이 남북으로 나뉘었다가 멸망했으며 솔로몬의 성전도 바빌론에 의해 완전히 파괴되고 말았기 때문이다. 이사야 선지자를 비롯한 여러 선지자는 이 약속에 나오는 다윗의 후손은 솔로몬이 아니라 메시아이며, 그 메시아가 약속대로 오시되 그가 이스라엘 나라를 회복하고 새로운 성전으로 지으시리라고 예언했다(사 7:4; 9:1, 7; 53:3-5; 61:1-2; 미 5:2; 호 11:1; 슥 9:9).

마태가 예수를 다윗의 후손이라고 소개한 것은 그분이 하나님께서 다윗 왕에게 약속하신 그 언약의 성취자임을 알리기 위함이다. 하나님의 아들 메시아에 대한 구약성경의 예언들이 예수를 통해 성취되었다는 것이다. 이 점은 예수가 다윗의 후손으로 불렸고(9:27; 12:23; 15:22; 21:15), 바울이 하나님께서 선지자들을 통하여 미리 약속하신 그분의 아들이 다윗의 혈통에서 나셨다고 말한 사실(롬 1:2-3) 등에서 확인된다. 그러므로 마태복음의 드라마는 아브라함과 다윗의 후손인 메시아 예수가 하나님께서 약속하신, 이스라엘 민족을 형성하고 이스라엘이 모든 민족의 복의 통로가 되게 하는 분이며, 영원히 견고한 나라를 세우고, 새로운 성전을 짓고, 하나님을 아버지로 부르는 하나님의 아들이심을 보여 준다.

1:2-17에 나오는 계보(족보)는 예수가 하나님의 약속을 수행하는, 아브라함과 다윗의 후손으로 출생하셨음을 알려 준다. 이 계보는 이스라엘 역사를 다윗 왕의 이름 히브리 숫자 값(14)에 초점을 맞추어 각각 14대씩 삼등분(아브라함부터 다윗까지, 다윗 후부터 바벨론 포로기까지, 바벨론 포로기 후부터 예수 그리스도의 출생까지)으로 나눔으로써, 이스라엘의 모든 역사가 메시아 예수에게 초점을 맞추고 있음을 강조한다. 예수가 이스라엘의 대변자라는 것이다. 그리고 그분이 만민이 복을 받게 하는 통로가 되신다는 것이다. 이 점은 누가(아버지) 누구(아들)를 낳았다고 소개하는 부계 중심의 족보에, 이스라엘의 위대한 여인들인 사라, 한나 등을 제쳐두고, "다말", "라합", "룻", "우리아의 아내"처럼 유대법에서 죄인으로 간주되거나 보잘것없는 신분의 이방 여인들이 네 명이나 등장한다는 사실에서 확인할 수 있다. 곧 메시아 예수를 통하여 펼쳐질 새로운 이스라엘의 역사는, 하나님이 아브라함에게 약속하셨듯이(창 12, 15장), 유대인에게만 한정된 것이 아니고, 이방인을 포함한 전 인류를 향한 것임을 강조한다. 마태복음 서막에 등장하는 이와 같은 구원 역사의 보편성은 사중적인 "모든"(하늘과 땅의 모든 권세, 모든 민족, 모든 것, 모든 날)으로 구성된 에필로그(28:16-20)에서 더욱 분명하게 드러난다.

마태는 서막에서 아브라함과 다윗의 후손인 예수가 하나님의 아들이라고 선언한다. 이것은 계보의 결론이기도 하다. 그는 계보에서 지루하리만큼 "아버지가 아들을 낳다"라는 패턴을 반복한다. "아브라함이 이삭을 낳고, 이삭은 야곱을 낳고, 야곱은 유다와 그의 형제들을 낳고…"(1:2-15) 이 패턴이 계속되다가 예수의 출생에 가서 다른 패턴이 나타난다: "야곱은 마리아의 남편 요셉을 낳았으니, 마리아에게서 그리스도라 칭하는 예수가 나시니라"(1:16). 기존 패턴과 달리 아버지인 요셉의 이름이 생략되고, 그 대신 "마리아에게서 그리스도라 칭하는 예수가 나시니라"라는 수동태 형식이 새롭게 등장한다. 유대인들은 하나님의 이름을 거명하지 않으면서 하나님의 행동을 강조하는 신적 수동태 용법을 즐겨 사용했다. 마태는 유대인에게 익숙한 신적 수동태 방식을 통해 예수께서 아브라함과 다윗의 후손인 메시아이며, 하나님의 능력(성령)으로 잉태되어 하나님의 아들로 태어나셨음을 강조한다. 예수는 자기 백성인 이스라엘을 죄에서 구원하시는 구원자이며 모든 민족 가운데 하나님의 임재를 대행하시는 임마누엘의 성취자이시다. 이 사실이 다음 문단에서 더 구체적으로 설명된다.

2. 예수의 출생(1:18-25)

1:18-25에서는 메시아 예수가 어떻게 하나님 아들로, 인류의 구원자로 출생했는지 더 자세히 설명한다. 다윗 왕가의 후손인 요셉은 약혼자 마리아와 실제적인 결혼 생활을 시작하기 전에 마리아의 임신 사실을 알게 된다. 그는 마리아가 부정한 행위로 임신했다고 생각해서 파혼 절차를 진행하려고 계획 중이다. 그는 유대인 중에 하

나님을 신뢰하는 "의로운 사람"이었기에, 마리아의 임신을 폭로하여 마리아를 궁지에 빠뜨리기를 원하지 않는다. 그래서 조용하게 일을 처리하려고 한다. 유대법에 따르면 정혼자가 다른 사람의 아이를 가진 경우 돌로 쳐서 죽이도록 되어 있었다(신 22:23-24). 그는 마리아가 이러한 불행에 처하는 것을 원하지 않는다.

이때에 하나님의 사자가 요셉에게 나타나, 마리아가 성령에 의해 임신했으며, 태어날 아기의 이름을 "자기 백성을 그들의 죄에서 구원할 자"임을 뜻하는 "예수"라고 지을 것과 이 출생이 이미 이사야 7:14에서 예언된, 하나님이 우리와 함께하신다는 "임마누엘" 약속의 성취임을 가르쳐 준다. 곧 예수가 선지자들이 선포한, 하나님의 약속의 수행자라는 것이다. 요셉은 하나님을 두려워하는 경건하고 의로운 자였으므로 하나님의 사자의 가르침에 즉각 순종한다. 그는 마리아를 아내로 맞이했지만 예수를 낳기까지 부부 생활을 하지 않는다. 그리고 아기가 태어나자 하나님의 사자의 분부대로 이름을 "예수"라 짓고 자신의 아들로 삼는다. 따라서 예수는 합법적으로 다윗 왕가의 자손인 동시에 성령으로 잉태된 하나님의 아들이시다.

예수가 성령에 의해 잉태되어 "하나님의 아들"로 출생했다는 것과 그의 출생이 하나님이 우리와 함께하시는 "임마누엘"이 된다는 점은 서로 불가분의 관계다. 즉 "하나님의 아들"로서 하나님을 대변하시고, 인간의 몸을 가진 자로 태어나시어 인간을 대변하시기 때문에 그분은 영원한 "임마누엘"이시다. 요한복음에서는 이를 가리켜, "말씀이 육신이 되어 우리 가운데 거하시매, 우리가 그의 영광을 보니, 아버지의 독생자의 영광이요, 은혜와 진리가 충만하더라"(요

1:14)라고 표현한다. 예수 그리스도가 하나님께서 친히 우리와 함께 하시는 "임마누엘"이 되므로, 그는 한편으로는 하나님을, 다른 한편으로는 인간을 대변하시며, 우리를 죄에서 구원하시는 참된 구원자가 되신다.

예수께서는 우리의 진정한 대변자인 참된 인간으로서 우리가 지은 모든 죄를 대신 담당하시고 십자가에서 죽으셨다. 그리고 사흘 후에 부활하시어 하나님의 아들이심을 증명하셨다(롬 1:4). 이 "임마누엘"로 오신 예수께서 "볼지어다. 내가 세상 끝날까지 너희와 항상 함께 있으리라"(28:20)라고 말씀하심으로써 우리에게 다시 영원한 임마누엘이 되어 주실 것을 약속하신다. 마태복음은 주인공인 예수의 사역과 말씀을 마치 한 편의 드라마처럼 펼쳐 나간다. 진정한 믿음은 예수께서 우리를 위해 일하시고, 우리에게 말씀하시고, 우리를 대신하여 죽으시고, 우리를 위해 부활하셔서, 항상 우리와 함께 계신다는 것을 깨닫고 그분의 말씀을 따라 살아가는 것이다. 이는 이 땅에 오신 예수를 통하여 지금 이루어지고 있는 새로운 구원 역사에 참여하는 길이며, 예수의 공동체에 속하는 길이다. 마태복음 저자는 1세기의 독자들뿐만 아니라, 모든 시대에 걸쳐 이 복음을 듣고 읽는 자들에게 이 믿음을 요구한다.

3. 동방 박사들, 그리고 헤롯 왕(2:1–23)

아기 예수를 죽이려는 헤롯 왕과 경배하려는 동방 박사들의 이야기는 교회에서 종종 성탄 성극으로 재현된다. 이 이야기는 마태복음에만 나온다. 왜 마태는 헤롯과 동방 박사들을 등장시켰을까? 고대 그리스-로마의 드라마는 물론 현대의 드라마에서도 프롤로그에 흔히 삽화(에피소드)를 싣는다. 이 삽화에는 조연 배우들이 등장한다. 잘 짜인 삽화는 드라마의 내용을 더욱 풍성하게 해 주고 극의 성격이나 방향을 미리 짐작할 수 있게 해 준다. 그런데 조연 배우가 주인공을 대체할 수는 없다. 조연은 주연을 돋보이게 하는 역할을 할 뿐이다. 마태가 헤롯과 박사들을 등장시킨 이유는 어디까지나 주인공 예수를 더 드러나게 하기 위함이다. 이들이 등장하는 삽화는 주인공 예수가 어떤 분인지, 어떤 일을 하실지 미리 보여 준다. 나중에 더 자세하게 살펴보겠지만, 빛과 어둠, 생명과 죽음, 구원과 심판, 믿음의 사람들(너희)과 불신앙의 사람들(그들)의 대조는 마태복음에 계속해서 나오는 중요한 주제다. 박사들과 헤롯 역시 이러한 대조 중 하나다. 이 대조는 마태복음의 예수 이야기를 이해하는 데 매우 중요한 해석학적인 틀이자 안경이다.

헤롯은 유대의 왕이다. 그는 야곱의 형 에서로부터 기원한 에돔 족속의 후예였지만 선조들이 유대교로 개종하여 유대인이 되었다. 그는 정치적 야심이 큰 인물로, 로마 제국의 힘을 빌려 유대의 통치자가 된 후 자신의 신분을 높이고자 정통 유대 왕가 출신인 미리암을 아내로 삼는다. 하지만 나중에는 통치에 방해가 된다며 미리암과 미리암에게서 태어난 자녀들까지 모두 처형한다. 헤롯이 아기 예수를 죽이려고 한 이유도 통치권에 위협이 될지도 모른다고 생각했기 때문이다. 그는 아기 예수를 죽이는 데 실패하자 베들레헴과 그 주변 지역에 있는 두 살 미만의 모든 사내아이를 죽이라고 명령한다.

유대인과 유대 나라를 대변하는 헤롯 왕과 대조적으로 등장하는 박사들에 대해서는 정확한 정보가 제공되지 않는다. 그들이 몇 명이었는지, 어디에서 왔는지, 어디 출신인지, 어떻게 해서 메시아의 출생을 알게 되었는지 알 수가 없다. 성경은 다만 이들이 동방에서 메시아의 별을 보고 메시아에게 경배하기 위해 예루살렘으로 왔고, 아기 예수께 경배한 후 황금과 유황과 몰약을 예물로 드렸다는 것과, 꿈에서 헤롯에게로 돌아가지 말라는 지시를 받아 다른 길로 고국에 돌아갔다고 말한다. 그 이후 이들은 다시 등장하지 않는다. 그들은 조연의 역할을 충실하게 감당했다. 아마도 그들은 한때 이스라엘 민족이 거주했던 바빌론 지역의 천문학자로서, 메시아의 출현에 대한 구약 이야기를 알고 있었을 것이다. 초라한 말구유에 누워 있는 아기 예수가 왕 중의 왕으로서 전 인류를 통치하실 메시아임을 알고 예수께 경배한 그들의 모습에서 마태는 예수를 따르는 참된 제자, 참된 신앙인의 모습을 보여 준다. 참된 신앙인은 이 땅에 오신 아기 예수를 메시아로, 왕으로, 하나님의 아들로, 임마누엘로, 구원자와 목자로 바로 알고, 그분에게 엎드려 모든 존귀와 영광을 돌리면서 경배하는 자라는 것이다.

멀리서 찾아온 동방의 박사들과 달리 아기 예수가 태어나신 지역에 살고 있었던 헤롯의 측근인 정치·종교 지도자들은 메시아의 탄생에 대해 전혀 알지 못했다. 헤롯 왕은 말할 것도 없고, 성경을 가지고 있었고 선지자들의 예언도 알고 있었던 대제사장들과 서기관들조차도 알지 못했다. 그들은 동방의 박사들의 말을 듣고서야 미가

5:2에서 예언한 대로 메시아가 베들레헴에서 태어나셨다는 사실을 알게 된다. 하지만 유대인의 왕이며 이스라엘 백성을 인도하실 참된 목자가 나타났음에도 아기 예수를 찾아가지 않는다. 그들은 세속 통치권을 가진 헤롯 왕을 아기 예수보다 더 우위에 둔다.

헤롯이 죽은 이후에도 그들은 정치적·종교적 기득권을 유지하기 위해 메시아 예수를 왕으로 받아들이지 않고 그분을 핍박하는 데 주도적인 역할을 한다. 결국 예수를 체포한 다음 불법적인 종교 재판을 통해 그에게 사형 판결을 내린다. 하지만 그들은 종교법에 허용된 대로 돌을 들어 직접 예수를 처형하지 않는다. 백성을 선동하여 빌라도로 하여금 예수를 십자가에 못 박도록 한다. 이들의 잔악하고도 간교한 모습에서 빛이 아닌 어둠을, 생명이 아닌 죽음을, 구원이 아닌 심판을, 신앙이 아닌 불신앙을, 새 시대가 아닌 옛 시대의 전형을 볼 수 있다. 헤롯은 물론 지도자 중 누구도 주인공인 메시아 예수의 길을 막지 못한다. 오히려 그들을 통해 예수가 누구이며, 어떤 길을 걸어가시는지 더욱 분명하게 드러난다.

아기 예수는 하나님의 특별하신 보호 아래 이집트 땅에서 지내다가 헤롯 왕이 죽은 후 다시 유대 땅으로 오신다. 어떤 점에서 예수는 이스라엘의 대변자로서 새로운 출애굽의 노정을 밟으신 것이다. 헤롯 왕이 주전 4년에 죽었으므로 아마도 예수께서는 그 이전에 태어나셔서 짧은 기간 동안 이집트에서 살았다고 볼 수 있다. 헤롯 왕의 아들 아켈라오가 부친의 뒤를 이어 유대 나라의 왕이 되었기에 요셉은 남쪽인 유대 지역으로 가지 않고 갈릴리 호수 서북쪽에 있는 나사렛 지역에 자리를 잡는다. 예수를 나사렛 사람이라고 부르는 이유가 여기에 있다.

예수의 생명을 빼앗으려고 했던 헤롯 왕과 예수의 왕권을 인정하지 않았던 정치·종교 지도자들의 핍박을 통해 예수가 걸어가셔야 할 길이 잘 드러난다. 그 길은 세상 사람들이 부러워하는 영광의 길이 아니라 피하고 싶어 하는 고난의 길, 십자가의 길이다. 이 십자가의 길이 바로 인류를 구원하시는 하나님의 지혜요, 하나님의 능력이다(고전 1:23-24). 하나님께서는 십자가의 길을 걸으신 예수를 통하여 어둠으로부터 밝은 빛이, 죽음으로부터 영원한 생명이, 심판으로부터 구원이, 옛 시대로부터 새 시대가 더욱 분명하게 드러나게 하신다.

4. 세례와 소명을 받으시다(3:1-17)

모든 복음서에서는 예수의 사역에 앞서 세례 요한의 사역을 먼저 소개한다. 누가복음에 따르면 세례 요한은 예수보다 6개월 먼저 태어난다(눅 1:26). 제사장 사가랴의 가문에서 태어난 그는 메시아의 오심을 알리고 준비하는 선구자의 사명(3:3; 사 40:3)을 태어나면서부터 받는다. 세례 요한은 30세가 된 주후 28년에 "회개하라. 천국이 가까이 왔느니라"(3:2)라고 선언하면서, 요단강에서 메시아의 오심을 준비하는 회개의 세례를 베푼다. 세례 요한의 설교와 세례 베풂은 하나님께서 아브라함, 다윗, 그리고 여러 선지자를 통해 약속하셨던 이스라엘 민족을 통한 온 세상의 회복, 하나님이 왕이 되셔서 온 세상을 통치하신다는 내용이 성취되리라는 선포다. 1세기의 유대 역사가 요세푸스가 「유대 고대사」(*Antiquitates Judaicae*)에서 세례 요한에 관하여 자세하게 언급한 것을 볼 때(제18권 5장), 요한의 사역은 사람들이 메시아가 왔다고 착각할 만큼 커다란 반응을 불러일으킨 것 같다.

하지만 요한은 자신은 메시아가 아니며, 다만 오실 메시아를 준비하는 자임을 분명하게 밝힌다. "나는 너희로 회개하게 하기 위하여 물로 세례를 베풀거니와 내 뒤에 오시는 이는 나보다 능력이 많으시니 나는 그의 신을 들기도 감당하지 못하겠노라. 그는 성령과 불로 너희에게 세례를 베푸실 것이요"(3:11). 후에 예수께서는 "여자가 낳은 자 중에 세례 요한보다 큰 이가 일어남이 없도다"(11:11)라고 말씀하신다. 세례 요한이 위대한 점은 이사야 선지자의 예언대로 메시아의 오심을 준비하는 자신의 직분에 끝까지 충실했다는 것이다. 사람들이 구름 떼처럼 몰려오고, 인기가 하늘처럼 높아졌지만 그는 교만하거나 스스로의 역할을 망각하지 않고 겸손하다. 그는 동방의 박사들처럼 조연의 역할을 충실하게 감당한다.

많은 사람이 세례 요한을 찾아와 설교를 듣고 죄를 자복하고 세례를 받는다. 그렇게 함으로써 오실 메시아를 맞이할 준비를 갖춘다. 그러나 사회 지도층인 바리새인들과 사두개인들은 세례 요한의 활동을 감시하려고 그를 찾아온다. 요한은 이들을 향해서 "독사의 자식들아 … 속으로 아브라함이 우리 조상이라고 생각하지 말라"(3:7, 9)라고 하면서 저주와 심판을 선언한다. 천국(하나님의 나라)과 메시아를 맞이할 준비를 하는 자에게는 구원의 축복이 임하지만, 그렇지 않는 자에게는 심판과 멸망이 임할 뿐이다. 바리새인들과 사두개인들은 예수를 처형시키는 일에도 앞장선다.

세례 요한이 요단강에서 세례를 베풀고 있을 때 예수께서 친히 세례를 받으러 오신다. 세례 요한은 예수가 바로 메시아로 "오실 자"임을 알아보고는, 자신은 예수께 세례를 베풀 수 없고, 오히려 세례를 받아야 한다고 고백한다. 그러나 예수는 세례를 받는 것이 하나님의 의를 이루는 것이라고 말씀하신다. 예수는 성령으로 잉태되어 죄가 없으신 하나님의 아들로서 요한을 찾아가신 것이 아니라, 인류의 새로운 대표자로서, 범죄한 아담을 회복하기 위하여, 범죄한 이스라엘을 회복하기 위하여 마지막 아담과 이스라엘로서 가신 것이다. 예수께서는 죄가 없으시지만 죄인인 우리를 구원하기 위하여 우리 대신 세례를 받으신다. 그렇게 함으로써 하나님의 의를 이루신다.

예수께서 세례를 받고 물에서 올라오실 때에 성령이 예수께 내려오신다. 그리고 하늘로부터 하나님의 음성이 들린다. "이는 내 사랑하는 아들이요, 내 기뻐하는 자라"(3:17). 예수는 성령으로 잉태되신 하나님의 아들이요, 오시기로 약속된 그 메시아였지만, 범죄한 아담과 이스라엘이 되어 세례를 받으신다. 하나님께서는 자신의 임재와 능력인 성령을 예수에게 보내셔서, 예수가 자신이 사랑하는 아들이요, 기뻐하는 자임을 공개적으로 선언하신다. 이 사건은 메시아 사역의 시작을 공식적으로 알리는 취임식이라고 볼 수 있다.

이 사건을 통해서 예수는 메시아로서의 자기 정체성과 사명을 구체적으로 확인하신다. 자신이 하나님의 권능과 왕권을 가진 하나님의 아들이자, 동시에 하나님의 뜻을 따라 하나님이 기뻐하시는 일을 하는 자라는 것이다. 곧 이사야 선지자가 예언한, "내가 붙드는 나의 종, 내 마음에 기뻐하는 자 곧 내가 택한 사람을 보라"(사 42:1)는 말씀처럼, 예수는 하나님께서 기뻐하시는 자, 즉 죄인을 구속하기 위하여 스스로를 대속물로 하나님께 드릴 "하나님(야훼)의 의로운 종"(사 53:11)이시다. 유대인들이 기다렸던, 권력과 힘으로 유대 민족을 해방하는 정치적이고 민족적인 영광의 메시아가 아니라, 오히려 많은 사람을 죄와 어둠과 죽음의 권세로부터 구원하기 위하여 스스로의 생명을 대속물로 드려야 하는 고난의 메시아이시다. 바로 이와 같은 예수의 소명과 자기 인식과 사역으로 인해, 우리는 예수 안에서 새로운 인류, 새로운 이스라엘로 회복된다. 하지만 바로 이와 같은 소명 때문에 그분은 대중에게 핍박을 받는다. 예수의 사역은 그분이 하나님의 아들이자 야훼의 뜻을 수행하는 의로운 종이라는 두 가지 점을 다 염두에 두어야 올바르게 이해할 수 있다.

5. 시험을 당하시다(4:1-11)

예수의 세례와 성령 강림 사건은 하나님께서 예수를 자신의 아들이자 세상을 구원할 메시아로 공식적으로 인정하신 구원사적인 사건이며, 아들과 메시아로서의 사역을 감당할 수 있도록 능력을 부여하신 사건이다(행 10:38). 예수에게는 자신이 하나님의 아들과 인류의 메시아로서 소명을 받았다는 자기 이해의 사건이다. 따라서 이 사건에 뒤이어 나오는 시험 사건은 어떤 의미에서는 예수께서 실제로 자신을 어떤 종류의 메시아로 인식하시는지, 세례와 성령 강림 사건을 통해 받은 메시아적 능력을 어떻게, 누구를 위해, 무슨 목적으로 사용하시는지를 확인하게 해 주는 사건이다. 마태는 "그때에"라는 단어로 이 두 사건을 연결한다. 두 사건에서는 모두 "하나님의 아들"이라는 표현이 핵심 용어로 사용된다.

예수께서 성령에 이끌리어 광야로 가셔서, 마치 모세와 엘리야가 그랬던 것처럼(출 34:28; 신 9:9, 18; 왕상 19:8), 40주야를 금식하신다. 그렇게 극도로 굶주린 상태에서 마귀에게 세 가지 시험을 받으신다. 마귀는 첫 번째 시험과 두 번째 시험에서, "네가 만일 하나님의 아들이어든"이라는 조건을 내세운다. 예수가 하나님의 아들이라는 전제를 하고 시험하고 있는 것이다. 즉 예수는 자신이 하나님의 아들인지 아닌지를 확인해 볼 것을 유혹받았다기보다는 자신을 어떠한 하나님의 아들로, 어떠한 메시아로 나타내야 할 것인지에 대해 유혹받은 것이다. 하나님 아버지의 뜻이라면 십자가의 잔도 기쁘게 마시는 고난의 메시아인지, 아니면 사람들의 요구에 부응하여 자신의 영광을 추구하는 세상적인 메시아인지를 확인하는 시험이다.

예수께서 세 번의 시험을 모두 하나님의 말씀(신 8:3; 6:16, 13)으로 물리치신다. 마귀가 하나님의 말씀을 떠나도록 거듭 유혹했지만 예수는 오히려 더 철저하게 하나님의 말씀에 거하신다. 마귀가 성경 말씀(시 91:11-12)을 인용하여 유혹할 때에도 예수는 마귀가 성경을 잘못 적용하고 있음을 간파하고, 이를 단호하게 물리치신다. 즉 예수께서는 모든 시험에서 자신이 하나님의 말씀에 순종하는 아들이심을 나타내 보이신다. 마귀의 시험은 단계적으로 점점 더 심화되어 간다. 첫 번째 시험은 육체의 허약성을 이용한, 돌로 떡을 만들어

먹도록 하는 물질적 시험이고, 두 번째 시험은 성전 꼭대기에서 뛰어내려서 하나님이 예수를 안전하게 지켜 주는지 확인해 보라는 정신적인 시험이고, 세 번째는 마귀에게 절하도록, 말하자면 하나님을 배반하고 마귀를 예배하도록 하는 영적·종교적 시험이다.

이 모든 시험에서 예수는 자신에게 중요한 것은 먹는 것, 안전, 세상적인 영광이 아니라, 아버지 하나님의 뜻에 순종하는 것임을 확실히 하신다. 그분에게 참된 양식은 물질적인 떡이 아니라, 자신을 보내신 아버지의 뜻에 순종하는 것이다(요 6:35). 이스라엘 백성은 40년간의 광야 생활에서 이집트의 음식을 그리워하고(참조. 출 17:3-7), 이집트의 안정된 삶을 동경하고, 하나님 대신 우상을 숭배함으로써 하나님께 불순종하고 하나님을 시험했다(참조. 신 31:20; 32:15; 고전 10:9). 하지만 예수는 마귀의 요구를 모두 거절함으로써 하나님께 순종하고 하나님을 시험하지 않으신다. 마귀가 에덴동산에서 아담과 이브에게 하나님의 말씀이 아닌 자신의 말을 따르라고 했을 때 그들은 교만하여 마귀의 말을 따르는 선택을 해 버렸다. 예수는 하나님 대신 자신에게 경배하라는 마귀의 말을 단호하게 거부하고 그를 쫓아 버림으로써 끝까지 하나님의 말씀에 머무르신다. 어떤 의미에서 마귀는, 하나님께서 모세를 통하여 백성에게 주신 쉐마의 말씀처럼(신 6:5), 예수가 마음과 정성과 힘을 다하여 하나님을 사랑하는지 시험한 것이다. 이스라엘의 대변자로 오신 예수는 마음과 정성과 힘을 다하여 하나님의 뜻에 순종함으로써 하나님에 대한 자신의 온전한 사랑을 드러내신다. 그렇게 함으로써 자신이 아버지의 말씀에 전적으로 순종하는 아들임을 보이실 뿐 아니라, 이스라엘과 신약 교회 성도들의 참된 패러다임이 되신다.

시험 사건이 세례와 성령을 받은 후 본격적으로 진행되는 메시아적 사역의 서두에 나온다는 것은 이 사건이 예수의 모든 사역과 불가분의 관계에 있음을 보여 준다. 마귀는 이후에도 계속 예수를 시험한다. 예를 들면 예수께서 제자 베드로를 향해 "사탄아 내 뒤로 물러 가라"(16:23, 참고. 4:10)라고 꾸짖으신 사건, 사탄으로부터의 승리를 여러 차례 언급하심(눅 10:18; 11:21), 체포당하실 때 하나님께 천사를 보내 달라고 요청하지 않으심(26:53), 그리고 같이 십자가에 달린 강도가 "네가 만일 하나님의 아들이어든 십자가에서 내려오라"(27:40)고 말했을 때 거부하신 사건 등이다. 이 모든 시험에서 마귀는 하나님의 아들로서의 능력을 예수 스스로의 유익을 위해 사용하라고 예수를 시험하여 고난의 메시아가 아닌 영광의 메시아가 되라고 유혹한다. 이에 예수께서는 모든 유혹을 하나님의 말씀으로 물리치시고 자신이 오직 하나님의 말씀에 순종하는 아들임을, 하나님의 뜻을 성취하는 야훼의 종, 고난의 메시아임을 나타내신다. 그 절정이 겟세마네 동산에서의 기도와 십자가 사건이다.

이 시험이 어떻게 복음서에 기록될 수 있었을까? 마귀가 실제로 예수를 성전 꼭대기로, 높은 산으로 데리고 갔다고 볼 필요는 없다. 천하만국을 한눈에 볼 수 있는 그런 높은 산은 이 땅에 존재하지 않는다. 그렇다고 해서 이 사건을 실제 사건이 아니라 초대 교회에서 만들어 낸 일종의 신화나 비역사적인 사건으로 보아서는 안 된다. 이 사건은 예수의 내면에서 일어난 영적 시험 혹은 영적 세계의 시험으로 보는 것이 바람직하다. 분명한 것은 예수께서 이 사건을 실제로 경험하셨다는 것이다. 이 사건을 예수께서 제자들에게 직접 알리셨을 것이고, 이로부터 이 사건의 전승이 형성되었을 것이다.

이 사건은 그동안 교회 역사에서 여러 면으로 해석되어 왔다. 크게 세 가지 해석, 곧 종말론적인 교훈적 해석(the parenetic interpretation), 기독론적 해석(the christological interpretation), 모형론적 해석(the typological interpretation)이 주류를 형성한다. 종말론적인 교훈적 해석은 예수를 종말에 인류를 대표하는 새로운 아담으로 보고, 새 아담이신 예수가 옛 아담이 실패한 물질과 안전, 그리고 권력의 유혹을 어떻게 하나님의 말씀으로 잘 극복하고 승리하셨는지 교훈적으로 살펴본다. 기독론적 해석은 마귀가 예수께 당대 유대인들의 기대대로, 하나님의 아들 됨 혹은 메시아 됨을 이적이나 정치에 관련지어 요구했다고 전제하고 예수께서 이를 강하게 거부하셨다는 관점에서 사건을 살핀다. 이를 지지하는 어떤 학자는 예수께서 세 가지 시험을 통하여 참된 메시아의 세 가지 직분, 곧 선지자적·제사장적, 그리고 왕적인 직분을 성공적으로 수행하셨다고 본다. 모형론적 해석은 예수가 하나님의 아들로서 하나님의 참된 백성을 대변한다는 전제 아래에서 사건을 해석한다. 즉 하나님의 아들인 이스라엘 백성은 광야에서의 시험에 실패했지만 예수는 그들을 대변하는 하나님의 참아들로서 그들을 대신하여 시험을 극복했다고 본다.

이 사건을 어떻게 해석하는 것이 옳을까? 어느 한 측면으로만 해석해야 할 이유는 없다. 이 사건에는 교훈적·기독론적·모형론적, 그리고 종말론적인 의미가 다 들어 있다. 물론 본문 자체는 예수께서 하나님의 아들로서 마귀에게 시험받으셨음을 우선적으로 강조한다. 그리고 예수가 세례와 성령 강림 사건을 통하여 선언된 자신의 아들 됨을 어떻게 이해하는지, 그리고 마귀의 시험에 어떻게 대처하시는지 보여 준다. 히브리서 저자가 말하듯이, 예수께서는 우리를 대신하여, 우리에게 모범을 보이시고자, 우리와 같은 연약한 몸으로 시험을 받고(히 2:18; 4:15), 승리하신다. 이스라엘 백성은 광야에서 하나님의 말씀에 불순종함으로써 스스로 하나님의 자녀로서의 신분을 나타내는 데 실패했지만, 이스라엘의 대변자 예수는 하나님의 말씀에 순종함으로써 하나님의 아들 됨을 완전하게 드러내신다.

그분의 승리로 말미암아 신자들은 이 세상에서 시험을 당할 때 어떻게 극복해야 할지 알 수 있다. 즉 이 시험 사건은 신자들에게 일종의 교훈적이고 패러다임적인 성격을 지닌다. 예수께서 물질과 안전, 주권(하나님 편이냐, 마귀 편이냐)에 관련된 시험을 받으셨듯이 우리 신자들도 이와 유사한 시험을 받을 수 있다. 그럴 때 신자들은 예수께서 그러하셨듯이 철저하게 하나님의 말씀에 순종함으로써 마귀의 시험들을 물리쳐야 한다. 하나님의 자녀 됨을 오직 하나님의 말씀에 의해 살아감으로써, 오직 하나님의 말씀에 순종함으로써 나타내야 한다. 우리가 환난을 당하지만 담대할 수 있는 이유는 예수께서 이미 세상의 환난으로부터 승리하셨기 때문이며(요 16:33), 우리가 마귀에게 시험을 당한다 할지라도 시험에 빠져 낙심하지 않도록 기도할 수 있는 것은 이미 예수께서 십자가에서의 죽음과 부활 사건을 통해 모든 시험으로부터 승리하셨기 때문이다. 예수의 이 승리는 하나님의 백성이 마귀의 권세 아래에 놓여 시험을 받을 때 승리할 수 있는 근거가 된다.

6. 갈릴리 초기 사역(4:12-25)

예수께서 마귀의 시험에서 승리하신 후, 나사렛 지역을 떠나 이방인의 땅으로 알려진 스불론, 납달리, 가버나움에 가셔서, "회개하라! 천국이 가까이 왔느니라"라고 선언하심으로 공적 사역을 시작하신다. 저자는 이미 예수의 계보(1장)에 다말, 라합, 룻, 우리야의 아내라는 네 명의 이방 여인을 등장시킴으로써, 예수가 단순히 옛 이스라엘 민족만을 구원하러 오신 왕이 아니라, 새 이스라엘과 인류 전체를 구원하기 위해 이 세상에 오신 왕이라는 사실을 강조했다. 여기서도 마찬가지로, 예수의 첫 번째 설교인 천국, 곧 하나님 나라의 도래에 대한 선포가 이방인의 땅에서 일어났음을 알림으로써 예수의 메시지가 유대인만이 아닌, 하나님이 아브라함에게 약속하신 것처럼, 이 땅의 모든 사람을 위한 메시지라는 점을 강조한다.

마가복음은 동일한 사역을 소개하면서, "때가 찼고, 하나님의 나라가 가까이 왔으니 회개하고 복음을 믿으라"(막 1:15)라고 표현한다. 마태복음의 "천국"과 마가복음의 "하나님의 나라"는 같은 뜻이다. 천국은 유대적 표현이고 하나님의 나라는 헬라적 표현일 뿐이다. 유대인들에게 하늘을 가리키는 "천"(天)은 "하나님"을 나타내는 대칭 언어였다. 누가복음 15장에 나오는 탕자 비유를 보면, 탕자가 "내가 하늘과 아버지께 죄를 지었사오니"(눅 15:18)라고 고백하는데 여기서 "하늘"은 명백히 하나님을 지칭한다. 하나 더 살펴보자면, 우리말 성경에서는 "천국이 가까이 왔다"라고 번역하는데 원문 성경에서는 완료형 동사를 사용하여 "천국이 이미 왔다"라고 말한다.

예수께서는 이렇게 선포하심으로써, 구약의 선지자들이 장차 오리라고 예언했던, 하나님의 새로운 구원 역사를 가져오는 새 시대가 이 땅에 오신 자신 안에서, 예수 자신을 통하여 이미 시작되었음을 알리신다. 곧 하나님께서 아브라함과 모세와 다윗과 선지자들을 통해서 약속하셨던, 죄와 죽음이 정복되는 구원의 시대, 심판의 시대, 새로운 왕의 시대, 이스라엘을 회복시키시는 메시아의 시대가 예수의 오심을 통해서 이 땅에서 이미 실현되고 있다는 것이다. 약속의 시대가 성취의 시대로 전환되었다.

이 선언은 예수가 누구이며, 무슨 일을 하려고 하는지를 간접적으로 알려 준다. 즉 예수께서는 구약에서 약속된, 하나님의 온전한 통치가 이루어지는 천국을 가져오시는 분이며, 그분을 믿고 따르는 자는 천국에 들어갈 수 있다. 천국은 예수께서 오신 이곳에, 일하시는 이곳에, 예수를 믿고 따르는 자들에게 이미 임했다. 누가 이 천국을 맞이할 수 있는가? 천국에 들어가려면 무엇을 준비해야 하는가? 먼저, 내 생각대로, 내 마음대로 행동하고 살았던 죄를 철저히 회개해야 한다. 즉 죄와 사탄의 세력에서 벗어나야 한다. 둘째, 예수를 나의 왕으로 모시고, 나 중심의 삶을 예수 중심의 삶으로 바꾸어야 한다. 그렇게 할 때 우리는 천국 시민이 되어 천국의 축복에 참여하게 된다. 천국은 미래만이 아닌 현재 여기서 예수를 통해 체험할 수 있는 나라다. 물론 이 나라는 예수의 재림으로 완성된다.

이처럼 예수께서 선포하신 천국의 도래, 곧 하나님 나라의 도래는 "이미"와 "아직"이라는 이중성을 가지고 있다. 이것은 구약은 물론 유대 중간 시대 문헌에 나오는 미래 지향적인 천국 사상과 차이가 있다. 구약과 유대 문헌에서는 하나님의 나라에 대해 많이 언급하지만(출 15:18; 19:6; 삼하 7:13-16; 사 52:7-9; 렘 33:15-17; 겔 34:24-25; 단 2:44; 에녹서 46:2-5; 솔로몬의 시편 2:29-30; 1QSb 5:21) 그 누구도 하나님의 나라가 지금 도래했다고 선포하지는 않았다. 오직 예수만이 그 나라가 지금 여기에 임했다고 선언하신다. 메시아 시대가 자신을 통해 이미 시작되었음을 알리고 계신다.

예수의 초기 사역 중 또 하나의 중요한 사역은 제자 선택이다. 복음서에 따르면 예수께서는 시몬 베드로, 안드레, 세베대의 아들 야고보, 요한, 빌립, 바돌로매, 마태, 도마, 알패오의 아들 야고보, 다대오, 가나안인 시몬, 가룟 유다 등 열두 제자를 선택하신다(10:1-4; 막 3:13-19; 눅 6:12-16). 이스라엘의 역사 형성에 있어 매우 상징적인 의미를 가진 숫자 "12"에 맞추어 열두 명이라는 제자를 선택함으로써, 예수 자신이 누구이며, 무엇을 하려고 하는지를 알리려고 하신 것 같다. 열두 제자의 면모를 살펴보면 그 출신과 배경이 다양하다. 베드로, 안드레, 야고보, 요한은 갈릴리 출신의 어부였으며(막 1:16-20), 레위라고 불리는 마태는 유대인 사회에서 멸시를 받는 세리였다(막 2:14; 9:9). 가나안 출신 시몬은 유대 나라의 독립을 위해 싸우는 열심당 출신이었고, 예수를 배반한 가룟 유다는 유일하게 예루살렘 출신이었다.

우리는 일반적으로 예수의 제자들을 무식하고 힘없는 천민들이라고 생각한다. 하지만 갈릴리 출신 제자들은 자영 어부로서 자기 소유의 배와 그물과 집을 소유했고, 회당 교육을 받은 중산층이었다. 예수께서는 제자들과 침식을 같이하면서 그들을 철저하게 훈련하신다. 가르치고, 전파하고, 치유하는 모든 사역에 제자들을 데리고 다니셨고, 때때로 제자들만을 대상으로 가르치기도 하신다. 자신의 모범적인 행위를 통해서, 반복적인 암기 교육을 통해서 예수 자신이 누구인지, 그리고 사역의 목적이 무엇인지, 또한 그들이 예수의 제자로서 무엇을 해야 하는지를 가르치신다.

예수께서 남자들로만 제자를 선택하셨기 때문에 오늘날 교회에서도 중요 직분자를 남자들로만 세워야 한다고 주장하는 이들이 있다. 우리는 우선 예수 시대의 종교적·문화적 상황을 이해할 필요가 있다. 그 당시 유대 사회는 가부장적이었고 남존여비 사상이 팽배했다. 여자는 율법을 배울 수 없었고, 성전 출입도 자유롭지 못해서 성전 외부에 있는 여성의 뜰까지만 들어갈 수 있었다. 그리고 법정 증인이 될 수 없었고, 인구수에서도 제외되었다(참조. 14:21). 더구나 3년간 예수와 같이 먹고 같이 자는 생활을 해야 했기에 남자만을 택할 수밖에 없었을 것이다.

열두 제자 중에 여자가 없었다는 것을 근거로 오늘날 교회에서 여자들의 사역을 제한해서는 안 된다. 초대 교회에서 브리스길라, 뵈뵈, 순두게, 유니아 등 여러 여성 사역자들이 활동했다는 것은 하나님 나라의 확장 사역에 있어서 남녀 차별이 없음을 보여 준다. 중요한 것은 성별이 아니라 누가 하나님께 받은 소명에 더 순종하는가 하는 것이다. 예수께서는 시대마다 나이와 인종과 신분과 성별에 상관없이 하나님의 사역에 필요한 사람들을 부르신다. 예수가 우리를 부르실 때 우리는 과연 제자들이 자신들의 그물과 배를, 즉 기존 생업을 포기하고 예수를 따랐던 것처럼 그렇게 순종하는 마음으로 예수를 따를 수 있을까?

마태복음 저자는 예수의 초기 사역을 "가르치심"(teaching), "설교하심"(preaching), "치유하심"(healing) 등 세 가지로 요약한다(4:23; 9:35). 예수께서 가르치고 설교하신 주된 내용은 하나님의 나라(천국)의 도래다. 예수는 하나님께서 약속하셨던 이스라엘 민족과 온 세상에 대한 축복과 구원의 역사가 예수 자신 안에서, 자신을 통하여 이미 이 땅에서 실현되고 있음을 가르치고 설교하신다. 메시아 예수 안에서 옛 역사가 새 역사로 전환되고, 약속이 성취되기 시작하고, 죄와 사탄과 어둠의 세력이 정복되고, 다툼과 미움이 평화와 정의와 사랑으로 변화되는 하나님 나라의 시대가 왔음을 알리신다. 바로 이를 위해 예수께서 수많은 병자를 고치는 치유 사역을 하신 것이다. 예수의 치유 사역은 능력 과시나 인기를 얻기 위함이 아니다. 근본 목적은, 예수 자신이 누구이며, 이 땅에서 무엇을 하려고 하는지, 하나님의 나라가 어떤 나라인지 보여 주시는 데 있다. 단순히 육체적 질병을 치료하는 것에 그치지 않는다. 그분의 치유 사역은 일종의 천국 도래 사건이며, 하나님의 구원 사건이다.

예수 당대 유대 사회에서는 정신적·육체적 질병과 장애가 하나님의 심판과 저주의 결과로 이해되고 있었다. 예수께서는 폭넓은 의미에서 죄와 타락의 결과라는 점에는 동의하지만, 개개인의 질병과 장애가 그 자신의 죄와 타락으로 인한 하나님의 심판과 저주의 결과라고는 보지 않으신다. 하나님의 영광을 드러내기 위한 질병과 장애도 있었다(참조. 요 9:3). 예수께서는 치유 사역을 통해 이 모든 질병과 장애가 극복되는 하나님의 나라가 이미 이 땅에 도래했음을 알리신다.

이처럼 하나님 나라의 도래와 구원 선포는 인간의 범죄로 인한 모든 질병과 장애와 자연의 파괴가 새롭게 회복되고 새롭게 창조되는 사역을 내포한다. 예수의 치유 사역은 단순히 질병만 고쳐 주시는 것을 넘어 육체와 영혼을 다 포함하는 전인적인 치유였으며, 가족과 사회와의 관계까지도 회복하게 해 주시는 범세계적이며 범사회적인 치유였다. 그래서 예수께서는 치유 사역을 하면서 종종 죄 사함을 선언하거나 제사장에게 가서 회복된 몸을 보이라고 말씀하신다. 치유받은 자가 다시 가정과 지역 공동체로 돌아갈 수 있도록 하신 것이다. 따라서 오늘날 목회자들의 설교와 가르침 역시 단순히 예수 믿고 천국 가자는 수직적 차원을 뛰어넘어 전인의 회복은 물론, 인류 사회 공동체와 자연의 회복도 다루는 수평적인 내용까지도 포함해야 한다. 하나님의 뜻이 하늘뿐 아니라 땅에서도 이루어져야 하는 것처럼, 천국은, 하나님의 구원은 하늘뿐 아니라 이 땅에서, 이 땅의 모든 조직과 문화와 가정과 사회에서도 이루어져야 한다.

II. 발전: 메시아적 사역
(5:1-11:1)

1. 산상 설교(5:1-7:29)

2. 치유와 이적 사역(8:1-9:38)

3. 제자 파송 설교(10:1-11:1)

II

발전

메시아적 사역

5:1–11:1

드라마는 일반적으로 시작(起), 발전(承), 전환(轉), 종결(結)로 구성되어 있다. 마태복음이 예수께서 주인공인 드라마라면 5-10장은 서막인 1-4장에 이어 발전 단계에 해당한다. 서막에서는 주인공이 누구이고, 무엇을 하려고 하는지, 세상에서 어떤 역할을 할지 암시한다. 이제 발전 단계에서는 예수께서 본격적으로 하나님의 나라에 대해 가르치고 설교하시며, 치유와 이적 사역을 통하여 메시아적 사역을 펼치신다. 하나님의 나라가 어떤 나라인지, 그 나라에 속한 자는 어떤 자이며, 그리고 그 나라에 들어가려면 무엇을 해야 하는지 알려 주신다. 그렇게 함으로써 예수 자신이 누구인지, 무엇을 하러 세상에 오셨는지를 구체적으로 드러내신다.

1. 산상 설교(5:1–7:29)

5:3-7:27은 예수께서 무리를 보고 산에 올라가 앉으신 후 제자들에게 들려주신 "산상 설교"다. 이 설교는 크게 네 부분 즉, 서론에 해당하는 팔복의 교훈(5:3-16)과 모세의 율법에 대한 제자들의 태도(5:17-48), 크리스천의 삶에 대한 교훈(6:1-7:12), 그리고 결론(7:13-27)으로 구성되어 있다. 예수께서는 서론에서 제자들이 이미 천국 백성이 되었다고 선언하시고, 결론에서는 천국 백성에 합당한 삶을 살라고 요구하신다. 이처럼 산상 설교는 미래에 천국에 들어가기 위해 갖추어야 할 조건이 아니라, 천국의 왕이신 예수를 통해 이미 이곳에서 천국 백성이 된 자들에게 요구되는 삶의 자세다. 그런 점에서 이 설교는 설교를 하는 메시아 예수가 어떤 분인지, 곧 제자들의 신분을 결정하고, 그들에게 합당한 삶의 자세를 요구할 수 있는 신적인 권세를 가지신 분, 심지어 옛 시대의 이스라엘 백성의 삶을 좌우했던 모세와 그가 전한 율법보다 더욱 큰 권세를 가지신 분임을 보여 주는 메시아적 계시다.

다시 말하자면 산상 설교는 모든 사람에게 적용될 수 있는 일반적인 도덕률이 아니다. 오히려 이 설교는 하나님의 아들 메시아 예수에 의해서 하나님 나라의 백성과 새 이스라엘이 된 자들에게, 하나님의 은총에 의지해서 살아가야 하는 삶의 자세(의[義])를 제시한다. 산상 설교를 올바르게 이해하려면 이 설교를 하시는 분이 과연 누구인지, 이 설교를 듣고 있는 우리는 누구인지, 그리고 이 설교자와 우리가 어떤 관계에 있는지를 다루는 "기독론"(신분)과, 설교자가 우리에게 무엇을 요구하는가 하는 "윤리론"(삶)이 불가분리의 관계라는 점을 알아야 한다. 산상 설교를 일반적인 도덕률로 보면, 이 설교는 그 누구도 감당할 수 없는 무거운 짐으로 다가오지만, 산상 설교를 오직 그리스도를 바라보게 하고 그분이 어떤 일을 하시는지 깨닫게 해 주는 기독론의 표현으로 보면, 이 설교는 우리의 믿음의 표현이자, 그리스도께서 우리에게 주시는 은총의 표현이다.

산상 설교가 그리스도의 은총이 되는 이유는 이 설교에서 요구하는 천국 윤리가 하나님께서 약속하신 새 언약("그날 후에 내가 이스라엘 집과 맺을 [새] 언약은 이러하니 곧 내가 나의 법을 그들의 속에 두며 그들의 마음에 기록하여 나는 그들의 하나님이 되고 그들은 내 백성이 될 것이다"[렘 31:33])의 성취일 뿐만 아니라, 화평의 언약("새 영을 너희 속에 두고 새 마음을 너희에게 주되 너희 육신에서 굳은 마음을 제거하고 부드러운 마음을 줄 것이며 또 내 영을 너희 속에 두어 너희로 내 율례를 행하게 하리니 너희가 내 규례를 지켜 행할지니라"[겔 36:26-27])의 성취이기 때문이다. 새 언약과 화평의 언약은 옛 언약과 다르다. 옛 언약에서는 이스라엘 백성의 순종이 언약 유지의 필수 조건이었기에 불순종하면 언약이 깨질 수밖에 없었다. 다시 말하자면, 옛 언약에서는 순종하면 축복, 불순종하면 저주와 심판을 받았다. 즉 그 결과가 궁극적으로 백성에 선택에 달려 있었다.

이와 대조적으로 새 언약, 화평의 언약에서는 "나는 그들의 하나님이 되고 그들은 내 백성이 될 것이다"가 암시하듯이, 실제로 언약을 유지해 가시는 주체가 하나님 자신이요 그분의 성령이기 때문에 언약이 깨지거나 실패할 수 없다. 물론 우리의 의무와 책임이 전혀 없다는 뜻은 아니다. 산상 설교는 분명히 우리를 통해서 언약이 실현되어야 함을 요구한다. 그러나 그 요구와 실현이 산상 설교의 주인공과 분리되어 있지 않다. 아무리 의무와 책임이 강조된다 하더라도, 그것은 그 어느 순간에도 하나님의 은총으로부터 분리되지 않는다. "내 영을 너희 속에 두어 너희로 내 율례를 행하게 하리니"의 약속처럼 하나님의 은총이 의무와 책임을 이끌어 간다. 요약하자면, 옛 언약에서는 명령과 책임만 주어질 뿐 인간들 가운데 친히 임재하셔서 순종을 이끌어 가시는 하나님의 성령의 축복이 주어지지 않았다. 하지만 새 언약에서는 보혜사 성령이 인간들 가운데서 역사하여 순종을 가능하게 하신다. 그렇게 함으로써 하나님의 새 언약을 성취하게 하신다.

(1) 팔복(5:3-12)

산상 설교의 서두에 나오는 여덟 가지의 복은 순종을 조건으로 주어지는 복이 아니다. 옛 이스라엘 백성이 맺은 언약은 순종하면 복을, 불순종하면 저주를 받았다:

> 네가 네 하나님 여호와의 말씀을 삼가 듣고 내가 오늘 네게 명령하는 그의 모든 명령을 지켜 행하면 네 하나님 여호와께서 너를 세계 모든 민족 위에 뛰어나게 하실 것이라. 네가 네 하나님 여호와의 말씀을 청종하면 이 모든 복이 네게 임하며 네게 이르리니, 성읍에서도 복을 받고 들에서도 복을 받을 것이며, 네 몸의 자녀와 네 토지의 소산과 네 짐승의 새끼와 소와 양의 새끼가 복을 받을 것이

며, 네 광주리와 떡 반죽 그릇이 복을 받을 것이며, 네가 들어와도 복을 받고 나가도 복을 받을 것이니라 … 네가 만일 네 하나님 여호와의 말씀을 순종하지 아니하여 내가 오늘 네게 명령하는 그의 모든 명령과 규례를 지켜 행하지 아니하면 이 모든 저주가 네게 임하며 네게 이를 것이니, 네가 성읍에서도 저주를 받으며 들에서도 저주를 받을 것이요. 또 네 광주리와 떡 반죽 그릇이 저주를 받을 것이요. 네 몸의 소생과 네 토지의 소산과 네 소와 양의 새끼가 저주를 받을 것이며, 네가 들어와도 저주를 받고 나가도 저주를 받으리라(신 28:1–6, 15–19).

팔복에서는 받을 복을 먼저 소개한 후 그 복을 받을 자들이 누구이며, 복의 내용이 무엇인지 구체적으로 설명한다. 헬라어 원문 성경의 뜻을 살려 팔복을 번역하면 다음과 같다:

복 받은 자들, 심령이 가난한 자들이여! 천국이 그들의 것이기 때문이다.
복 받은 자들, 애통하는 자들이여! 하나님이 그들을 위로해 주실 것이기 때문이다.
복 받은 자들, 온유한 자들이여! 그들이 땅을 유업으로 받을 것이기 때문이다.
복 받은 자들, 의에 주리고 목마른 자들이여! 하나님이 그들을 배부르게 하실 것이기 때문이다.
복 받은 자들, 긍휼히 여기는 자들이여! 하나님이 그들을 긍휼히 여길 것이기 때문이다.

복 받은 자들, 마음이 청결한 자들이여! 그들이 하나님을 볼 것이기 때문이다.

복 받은 자들, 화평하게 하는 자들이여! 하나님이 그들을 하나님의 아들로 부를 것이기 때문이다.

복 받은 자들, 의를 위해 핍박을 받는 자들이여! 천국이 그들의 것이기 때문이다.

원문에서는 복 받을 조건을 말하고 그 조건에 합당한 자에게만 복을 준다고 말하지 않는다. "너희가 심령이 가난한 자가 되면, 너희가 애통하는 자가 되면" "그때 너희는 천국과 위로를 받게 될 것이다"라고 말하지 않는다. 오히려 너희는 이미 심령이 가난한 복을 받은 자들, 너희는 애통하는 복을 받은 자들임을 먼저 선언하고, 그런 다음 왜 복을 받은 자들인지 밝힌다. 말하자면 예수께서 선언하신 팔복은 옛 언약의 경우처럼 인간의 순종을, 그것이 마음의 상태나 자세를 가리킨다고 할지라도, 복의 조건으로 내세우지 않는다. 오히려 모든 강조점이 이미 그들이 복을 받은 자들이라는 것에 있다. 그들이 복 받은 자들인 이유는, 둘째, 넷째, 다섯째, 일곱째 복에 신적 수동태가 사용되었듯이, 하나님이 그들을 복 받은 자들로 세우셨기 때문이다. 하나님께서 그들에게 천국과 위로와 땅과 같은 복을 이미 주셨거나 앞으로 주실 것이다. 팔복의 어떤 복도 인간의 행위를 그 결과나 전제 조건으로 요구하지 않는다.

팔복의 내용을 문학적으로 살펴보면 산상 설교의 두 핵심 주제

(6:33)인 "천국"과 "의"를 중심으로 짜임새 있게 구성되어 있다. 첫째 복이 "천국"으로 시작하고, 마지막 여덟째 복이 "천국"으로 끝난다. 팔복의 가운데 위치한 넷째 복의 대상이 "의"이고, 여덟째 복의 대상 또한 "의"다. 이는 다른 복들의 대상자인, "심령이 가난한 자", "애통하는 자", "온유한 자", "긍휼히 여기는 자", "마음이 청결한 자", "화평하게 하는 자"들이 모두 "의"와 연결되어 있고, 다른 복들인, "위로받음", "땅을 기업으로 받음", "배부름", "하나님을 봄", "하나님의 아들 됨"이 모두 "천국"과 연결되어 있음을 보여 준다. 즉 팔복의 대상자들은 이미 그들이 이 땅에서 의를 추구하는 자들로 세워졌고, 그들이 이렇게 복된 자들인 이유는 하나님께서 그들에게 이미 천국을 주셨고, 앞으로 주실 것이기 때문이다.

거듭 말하지만, 예수께 팔복의 말씀을 듣고 있는 제자들은 제자로 부름을 받은 그때부터 이미 의에 주리고 목마른 자들로 세워졌고, 이미 천국의 축복을 받은 천국 백성이다. 물론 이 천국은 하늘과 땅에서, 이 세상의 모든 영역에서 하나님과 그리스도의 주권과 왕권이 온전히 이루어지는 것이기 때문에 지금 여기에 완전히 임하지는 않았다. 첫째 복과 여덟째 복을 제외한 다른 복들에 모두 미래 시제가 사용된 점은 천국의 도래가 미래에 완성될 것을 암시한다. 제자들을 심령이 가난한 자, 애통하는 자, 온유한 자, 의에 주리고 목마른 자, 긍휼히 여기는 자, 마음이 청결한 자, 화평하게 하는 자, 의를 위해 핍박을 받는 자라는 신분으로 한정한다는 사실은 그들이 이미 받은 그러한 신분을 미래에 완성된 천국이 올 때까지 계속 유지해야 한다는 당위성과 책임을 가지고 있음을 강조하는 것이다. 하나님의 은혜로 말미암아 받은 우리의 축복된 신분에 대한 인식이 더 강하고 깊을수록 우리는 그 신분을 유지하기 위해 더 힘쓸 것이다. 그럴수록 천국의 축복을 더 강하고 풍성하게 체험할 수 있을 것이다.

팔복 전반부가 보여 주듯이, 우리는 하나님의 은총이 없으면 단 하루도 살 수 없는 가난한 자들이다. 우리는 내 죄와 비참은 물론 이웃과 세상의 죄와 불의에 대하여 애통해야 한다. 인간의 지혜와 힘을 의지하는 교만한 자세를 버리고 오직 하나님만을 바라보며 겸손해야 한다. 그리고 우리를 제자로 세워 주신 하나님과 계속 올바른 관계를 유지하기 위해 노력해야 한다.

팔복 전반부의 실현을 위한 우리의 노력은 후반부의 실현을 위해 나아가게 한다. 구약의 십계명 전반부에서는 하나님과의 올바른 관계를 유지하는 법을 말하고, 후반부에서는 인간관계에 대한 지침을 제시한다. 주기도문도 전반부에서는 하나님과 관련된 청원을, 후반부에서는 인간에 대한 청원을 말한다. 팔복의 구조도 이와 동일하다. 전반부에 나오는 네 가지 복은 우리와 하나님과의 올바른 관계와 그 유지에 대해 말하고, 후반부의 네 가지 복은 이웃과의 관계와 유지에 대한 내용이다. 물론 전반부와 후반부를 서로 분리할 수는 없다. 전반부의 은총과 유지 없이는 후반부의 관계와 유지가 불가능하다. 우리는 하나님의 은혜로 그리스도를 통해 하나님과 의로운 관계를 맺게 되었다. 우리는 심령이 가난한, 애통하는, 마음이 온유한, 의에 주리고 목마른 복을 받았다.

이뿐만 아니라 우리는 하나님의 은총으로, 이웃과의 관계에서 긍휼히 여기는, 마음이 청결한, 화평하게 하는, 의를 위해 핍박을 받는 복을 받은 자들로 세워졌다. 그러므로 삶의 현장에서 만나는 모든 이에게 선한 사마리아인과 같은 마음을 품고 긍휼히 여기고 보살펴야 한다. 남을 속이고 부당한 이익을 추구하는 부정한 마음을 가지지 말고 항상 하나님 앞에서 정직하고 깨끗하게 살아가야 한다. 그래서 이웃과 사회가 우리를 통해 하나님의 모습을 볼 수 있도록 해야 한다. 우리는 다툼과 불화가 아닌 화평을 만드는 자로 세워졌다. 화평을 추구하는 우리를 보고 세상 사람들이 우리가 하나님의 자녀임을 알 수 있도록 해야 한다. 그리고 우리는 의를 위해 핍박을 받는 자들이다. 네 번째 복에 나오는 "의"가 하나님과의 관계에서 구현되는 의를 가리킨다면, 여덟 번째 복에 나오는 "의"는 이웃과 사회와 세상과의 관계에서 구현되어야 하는 의, 곧 공의와 공정을 가리킨다. 이 땅에서 이 의를 구현하려고 힘쓸 때 우리는 핍박을 받을 수도 있다. 그러나 그 핍박을 두려워하지 말고 오히려 기쁨으로 감당해야 한다. 그렇게 할 때 천국이 우리 안에서는 물론 이웃과 사회와 이 세상에서 실현되고 확장된다.

이처럼 예수의 제자인 우리는 이미 팔복의 축복을 받은 자로 세워졌기 때문에, 하나님 앞에서, 그리고 이 세상에서 이 신분을 계속 유지해야 할 책임이 있다. 물론 이러한 책임은 스스로의 자유로운 의지로 행해야 한다. 하지만 이 의지는 우리 안에 내주하시는 성령의 사역과 독립되어 있지 않다. 성경에서는 성령이 우리가 하나님의 자녀의 신분을 계속 유지하도록 우리를 도우신다고 말한다(롬 8:16, 26; 빌 2:12-13). 이처럼 그리스도와 성령을 통한 하나님의 은혜와 예수의 제자로서의 우리의 책임은 동전의 앞면과 뒷면처럼 동일한 내용의 다른 측면일 뿐이다.

그런 점에서 산상 설교의 서론인 팔복은 한편으로는 하나님의 은혜로 예수의 제자가 된 우리의 복된 정체성을 보여 주는 거울이요, 다른 한편으로는 예수의 제자로서의 신분을 계속 유지해 가는 복된 삶을 보여 주는 거울이다. 이 거울의 원형은 예수 그리스도이시다. 팔복을 온전하게 가진 자, 그리고 그 복을 온전하게 구현하는 자는 팔복을 설교하시는 예수뿐이다. 예수 그리스도가 팔복을 온전하게 구현하시므로 제자 된 우리도 팔복을 온전히 구현하려고 애써야 한다. "하늘에 계신 너희 아버지의 온전하심과 같이 너희도 온전하라"(5:48). 선(先) 은총, 후(後) 은총의 유지와 그 주인공이 예수 그리스도라는 사실이 팔복은 물론 예수의 전 산상 설교를 이해하는 열쇠다.

(2) 세상의 소금과 빛(5:13-16)

예수께서 팔복에 이어 소금과 빛에 대해 말씀하신다. 우리가 이미 세상에서 소금과 빛으로 세워졌기에 세상을 위해 그 역할을 해야 한다고 말씀하신다. 우리가 부여받은 신분과 책임이 이 세상과 무관하지 않다는 것이다. 다시 말하자면 천국이 우리가 살고 있는 이 세상 안에서 실현되어야 한다는 것이다. 이 세상은 본래 선하고 아름답게 창조되었지만 인간의 범죄로 말미암아 타락하고 오염되고 말았다(롬 8:19-22). 이에 하나님께서 예수 안에서 세상을 구속하셨기에, 그리고 예수의 제자들이 이 구속된 세상에서 소금과 빛으로 세워졌기에, 이제 소금과 빛의 역할을 다함으로써 이 세상을 하나님의 나라가 온전히 구현되는 곳으로 만들어 가야 한다. 자연 생태계는 물론 생활의 영역인 정치, 경제, 문화, 예술, 의학, 과학, 체육 등에서 소금과 빛의 역할을 함으로써 세상 전체를 그리스도의 것으로 회복시켜야 한다.

고대 세계에서나 현대의 최첨단 과학 시대에서도 소금과 빛은 인간의 삶에서 여전히 매우 중요한 필수품이다. 소금은 음식에 맛을 더하고 부패를 방지한다. 빛은 어둠을 몰아내고 세상을 밝혀 주며 에너지를 공급한다. 예수는 우리 크리스천들을 향하여, "세상의 소금이 되어라", "세상의 빛이 되어라"라고 말씀하지 않으시고, 팔복에서 그렇게 하셨던 것처럼, "너희는 세상의 소금과 빛이라"라고 선언하신다. 소금과 빛으로 오신 예수를 통해 우리도 이미 소금과 빛으로 세워졌다. 그러므로 이 설교의 강조점은, 어떻게 세상의 소금과 빛이 될 것인지가 아니라, 소금과 빛의 역할을 어떻게 해야 잘 수행할 수 있을지에 있다.

소금과 등잔의 빛은 스스로 녹거나 희생함으로써 그 역할을 감당한다. 소금이 녹아 없어지지 않으면, 빛이 자신을 태우지 않으면, 기능을 상실하여 사람들로부터 배척당할 수밖에 없다. 예수께서 이 세상에 참소금과 참빛으로 오셔서 세상을 위해 자신을 희생하심으로써 세상을 구원하신 것처럼, 크리스천들도 세상의 죄와 오염을 막고 깨끗한 세상을 만들기 위해 자신을 희생해야 한다. 예수처럼 고난의 길, 십자가의 길, 좁은 길을 걸어가야 한다. 그렇게 함으로써 크리스천이, 교회가 세상의 희망이 되고, 등대가 되어야 한다. 우리가 세상 사람들에게 사랑과 봉사와 자기희생을 보여 줄 때, 즉 팔복의 가르침을 생활화할 때, 그들이 우리의 착한 행실을 통하여 하나님께 영광을 돌리게 된다. 우리는 참된 소금과 빛이신 예수를 날마다 바라보고, 예수 안에서 살아가야 한다. 우리가 예수께 더 가까이 다가가서 그분과 더욱 친밀한 교제를 나눌수록 세상을 향한 소금과 빛의 직분을 더욱 잘 감당할 수 있다.

(3) 예수와 율법(5:17-48)

1) 율법의 성취자인 예수(5:17-20)

하나님의 아들이며 메시아인 예수는 모세의 율법에 대해 어떻게 생각하셨을까? 모세의 율법은 당시 예루살렘 성전과 함께 유대인들의 신앙과 삶을 통제하는 중추적인 역할을 하고 있었다. 예수의 제자들은 모세의 율법을 어떻게 받아들여야 할까? 유대인들처럼 철저히 지켜야 하는가, 아니면 그러한 의무로부터 벗어났는가? 예수께서 모세의 율법에 대한 여섯 가지 구체적인 교훈을 주시는데(5:21-48) 이에 앞서 총론적인 교훈을 먼저 제시하신다(5:17-20).

5:17-20에서 앞의 두 절(17-18절)은 예수 자신과 율법에 대한 관계를 밝히고, 뒤의 두 절(19-20절)은 제자들과 율법에 대한 관계를 말한다. 앞 두 절에서는 예수가 율법을 성취하는 주체임을, 뒤 두 절에서는 천국 백성인 제자들이 서기관이나 바리새인보다 더 철저하게 율법을 가르치고 지켜야 할 자들임을 교훈한다.

17절에서 예수는 자신이 율법과 선지자, 곧 구약성경을 폐하러 오지 않았고, 오히려 완전하게 하러(성취하러) 왔다고 밝히신다. 그렇게 하심으로써 예수가 율법을 무시하거나 반대한다는 여하한 주장과 추측을 일축하신다. 그리고 18절에서는 그 성취가 율법의 한 부분이 아닌 전체에 해당된다고 밝히신다. 말하자면 모세의 율법을 포함하여 구약성경 전체가 자신을 통하여 완전하게 된다는 것이다.

여기서 예수께서 "나는 율법을 행하려고 온 것이 아니라 오히려 성취하려고 왔다"라고 선언하신 점에 주목해 보자. "행한다"는 율법 하나하나를 다 지킨다는 뜻이다. "성취한다"는 행한다를 뛰어넘어 율법이 가진 본래 의미를 완전하게 달성한다는 뜻이다. 전자의 경우 예수께서 어떤 율법을 행하신다고(지키다) 해도 다른 사람이 행해야 할 여지가 남아 있다. 하지만 그 율법을 예수께서 한 번 완전하게 하시면(성취하다) 다른 사람이 완전하게 할 자리가 남아 있지 않다. 예를 들어 마태복음에는 "성취하다"(이루어지다)라는 단어가 이미 1:22, 2:15, 17, 4:14에 나온다. 1:22은 예수께서 성령에 의해 잉태되고 태어나신 사건이 이사야 7:14의 성취이고, 2:15은 아기 예수의 이집트 피신이 호세아 11:1의 성취이며, 2:17은 헤롯이 두 살 아래의 사내아이들을 살해한 것이 예레미야 31:15의 성취이고, 그리고 4:14은 예수의 가버나움 거주가 이사야 9:1, 2의 성취라고 설명한다. 이 예시들 모두 한 번 성취되면 다른 사람에 의해 다시 성취될 자리가 남아 있지 않다. 그런 점에서 마태복음에서는 성취라는 단어가 제자들에게는 적용되지 않는다. 오직 메시아 예수에게만 제한되어 사용된다. 즉 기독론적이고 종말론적인 완성의 의미로 사용된다.

예수에 의해 이미 율법의 완전한 의미가 달성되고 율법의 진정한 목표가 이루어졌다(참조. 롬 10:4). 5:17-18은 사실상 예수가 누구이며,

그분의 비전과 사명이 무엇인지, 그리고 어떤 일을 하실 것인지 시사해 주는, 강력한 기독론적인 설명이다. 11:13에 나오듯이, 모든 율법과 선지서, 곧 구약성경이 예언한 것은 세례 요한까지이고, 이제 예수에 의해 구약의 약속이 성취됨으로써 세례 요한의 시대와는 전혀 다른 성취의 시대가 시작된다.

예수께서 모든 율법을 포함하여 구약성경 전체를 온전히 성취하신다면, 곧 18절이 말하듯이, 천지가 없어지기 전에 모든 율법이 남김없이 예수를 통해 성취된다면, 모든 율법을 포함하여 구약성경 전체는 예수에 의해 전혀 새로운 의미와 가치를 지니게 된다. 모든 율법은, 즉 도덕법, 시민법, 제의법의 구분 없이 전체 율법은, 예수께서 이미 성취하신 율법으로, 구약성경은 예수께서 성취하신 구약성경이라는 새로운 위치와 의미를 갖게 된다. 예수께서 옛 계명을 새 계명으로, 옛 언약을 새 언약으로, 약속을 성취로, 모세의 율법을 그리스도의 법(갈 6:2)으로, 죄와 사망의 법을 생명과 성령의 법(롬 8:2)으로 바꾸신다. 따라서 예수께 부름받은 제자들은 예수를 통해 이미 성취된 율법을, 옛 계명이 아닌 새 계명을, 죄와 사망의 법이 아닌 그리스도와 생명과 성령의 법을 만나며, 약속이 아닌 성취 시대로, 옛 언약이 아닌 새 언약 시대로 들어선다.

제자들과 직접 관련이 있는 5:19-20의 본문을 예수와 직접 관련이 있는 5:17-18의 본문과 분리해서 이해해서는 안 된다. 제자론에 관한 교훈은 기독론적이고 종말론적인 전망을 바탕으로 이해해야 한다. 19-20절의 제자론이 17-18절의 기독론과 불가분의 관계라는 사실은, 19절의 "그러므로 누구든지 이 계명 중의 지극히 작은 것 하나라도 버리고 또 그같이 사람을 가르치는 자는 '천국'에서 지극히 작다 일컬음을 받을 것이요. 누구든지 이를 행하며 가르치는 자는 '천국'에서 크다 일컬음을 받으리라"에서 계명의 순종을 직접 '천국'과 연결하는 점과, 20절의 "내가 너희에게 이르노니 너희 '의'가 서기관과 바리새인보다 더 낫지 못하면 결코 '천국'에 들어가지 못하리라"에서도 동일하게 제자들의 '의'를 '천국'과 연결하는 점에서 확인된다.

여기서 잊지 말아야 할 점은 제자론에서 언급된 "이 계명 중의 지극히 작은 것 하나"를 포함한 전 율법은 예수를 통해 일점일획도 예외 없이 모두 성취된 율법이라는 점이다. 옛 언약 시대의 그 율법이 아니라, 예수의 새 계명으로, 그리스도의 법으로, 생명과 성령의 법으로 불리는 율법이다. 예수의 제자들은 이 율법을 받았다. 그러므로 제자들은, 곧 새 언약 시대의 사람들인 천국 백성은, 옛 언약 시대에 속한 자들, 이를테면 율법을 문자적으로 다 지킴으로써 의(義)에 도달할 수 있다고 믿는 서기관과 바리새인과는 전혀 다른 의(義)를 추구한다. 바리새인과 서기관은 율법을 행함으로써 의를 추구하고, 제자들은 더 나은 의, 예수께서 이미 성취하신 율법을 통해 의를 추구한다. 전자가 모든 율법을 행해야만 하는 자기 자신에게 그 뿌리를 둔다면, 후자는 이미 모든 율법을 성취하고 이를 천국의 의로 제시하신 예수께 뿌리를 둔다. 곧 예수 없이는, 예수와 관계를 가지지 않고서는 얻을 수 없는 의다. 이런 점에서 제자들이 추구하는 의는, 한편으로는 천국에 대한 그들의 마땅한 응답인 동시에, 다른 한편으로는 천국의 축복을 통해 주어진 은혜라고 말할 수 있다.

거듭 말하지만 마태가 소개하는 예수는 율법 폐기에 찬성하거나 반율법적인 태도를 가지신 분이 아니다. 구약의 율법에 매이지도 않으신다. 율법을 문자적으로 순종해야 한다고 주장하지도 않으신다. 오히려 구약의 율법의 온전한 의미가 달성되고, 그 궁극적 목표에 도달하도록 율법을 온전히 성취하신다. 모든 율법을 성취하셨다는 점에서 예수께서는 구약의 율법과 자신 사이에, 그리고 자신을 따르는 제자들 사이에 어떤 연속성을 확립하신다. 한편으로는 자신의 전 사역을 통해 모든 율법을 성취하심으로써 율법을 자신의 계명과 법이 되게 하신다. 그리고 제자들에게 이전의 율법이 아닌 자신을 통해 성취된 율법을 주심으로써 구약의 율법과의 불연속성을 확립하신다.

이와 같은 율법에 대한 예수의 가르침은 1세기 독자들에게만 해당되는 교훈이 아니다. 모든 시대의 제자들에게 주시는 교훈이다. 우리는 예수의 가르침을 따라 반(反)율법주의나 율법주의의 입장을 취하지 않도록 주의해야 한다. 구약의 율법을 제의법, 시민법, 도덕법으로 나누어, 앞의 두 법은 예수를 통해 폐지되었지만, 도덕법은 항구적으로 유효하다고 생각하지 말아야 한다. 예수께서는 구약의 율법을 세 개로 나누지 않았고, 자신의 사역을 구약의 특정한 율법의 성취로 제한하지도 않으신다. 율법의 일점일획도 자신의 사역과 분리하지 않으신다. 오히려 구약의 모든 율법이 자신을 통해 그 진정한 의미와 목적에 도달할 수 있도록 성취하신다. 그리고 이를 천국 백성이 된 제자들에게 천국의 표현인 의에 도달할 수 있는 원리로 주신다. 이 율법은 이미 예수에 의해 성취된 것이기 때문에, 그리고 예수의 영이신 성령의 방편이기 때문에, 한편으로는 의무인 동시에 또 다른 한편으로는 은혜의 선물이다. 이러한 점을 5:21 이하에 나오는 여섯 가지 교훈에서 확인할 수 있다.

2) 대조되는 여섯 가지 명제(5:21–48)

5:21-48에 나오는 교훈을 살펴보면, 모세의 율법적 의와 율법을 완성하신 예수의 천국 백성의 의, 그리고 성취되기 이전의 옛 이스라엘 율법과 성취된 새 이스라엘 율법이 여섯 가지로 대조를 이룬다. 전자는 구약의 율법과 관련하여 "너희가 들었으나"로 시작하고, 후자는 예수의 교훈과 관련하여 "나는 너희에게 이르노니"로 시작한다.

예수께서 먼저 살인의 문제를 언급하신다(21-26절). 바리새인과 서기관은 사람을 죽이면 살인을 금한 여섯째 계명을 어긴 것으로 생각했다. 그러나 예수는 더욱 심화하여 사람을 죽이는 것뿐 아니라, 형제자매를 향해 노하거나, "라가" 곧 미쳤다고 욕하거나, 미련하다고 하는 것도 살인을 하는 것과 같으며, 이런 자들에게 심판이 임할 것이라고 강조하신다. 그래서 예물을 제단에 드리기 전에 혹시나 형제에게 원망을 들을 만한 일이 생각나면, 먼저 가서 형제와 화목하고, 그다음에 예물을 드리라고 말씀하신다. 마찬가지로 어떤 사람이 자신을 고소할 것 같으면, 급히 그와 사화(私和)하라고 말씀하신다.

율법적 의와 천국의 의 사이의 두 번째 대조는 간음 문제다(27-30절). 율법은 남녀 사이의 부정한 육체적 관계를 간음이라고 말하지만, 예수께서는 여자를 보고 음욕을 품는 것도 이미 간음한 것이라고 지적하신다. 구체적으로 행동하지 않았더라도 마음에 그 행동을 할 생각을 품고 있다면 이미 그 행동을 한 것과 다를 바가 없다는 것이다. 이처럼 예수께서 요구하시는 천국의 의는 율법의 의보다 훨씬 더 내면적이고, 더 깊고, 더 고차원적이다. 예수께서는 천국의 의를 요구하심으로써 우리를 다시 한 번 그리스도의 은혜 아래로 초청하신다. "네 오른 눈이 너를 실족하게 하거든 빼어 내버리라", "네 오른손이 너로 실족하게 하거든 찍어 내버리라"라는 말씀도 우리를 그리스도 앞으로 인도한다. 우리는 스스로의 힘으로 천국의 의를 이루려고 할수록 더욱더 절망에 빠질 수밖에 없다. 하지만 우리가 그리스도 앞에 나아갈수록 우리의 불가능이 그리스도를 통해 가능으로 바뀐다. 절망이 희망으로 바뀐다. 산상 설교에서 윤리론과 기독론이 불가분리의 관계에 있다고 보아야 하는 이유가 여기에 있다. 기독론이 높으면 높을수록 윤리론도 높아지고, 기독론이 낮으면 낮을수록 윤리론도 낮아진다. 윤리론은 기독론을 통해, 기독론은 윤리론을 통해 구체화된다는 사실을 깨달을 때 산상 설교는 우리가 져야 할 짐이 아니라 누려야 할 은혜의 말씀이 된다.

세 번째 대조는 이혼 문제다(31-32절). 예수께서는 누구든지 음행한 이유 없이 이혼하거나 이혼한 자와 재혼하는 것은 간음이라고 하시면서 이혼하지 말아야 함을 강조하신다. 예수 당대 유대 사회에서는 이혼이 빈번했는데 주로 남편의 요구에 의한 것이었다. 신명기에서는 이혼과 관련하여 이렇게 말한다: "사람이 아내를 맞이하여 데려온 후에 그에게 수치되는 일이 있음을 발견하고 그를 기뻐하지 아니하면 이혼 증서를 써서 그의 손에 주고 그를 자기 집에서 내보

낼 것이요"(신 24:1). 유대인들은 모세의 율법에 이혼 조건으로 규정된 "수치되는 일"을 확대 적용하여 아내가 얼굴이 못생긴 것과 요리를 못하는 것까지도 포함시켜서 쉽게 이혼을 해 버렸다. 하지만 예수는 결혼은 하나님께서 세우신 제도이기 때문에 음행한 조건이 아닌 경우 이혼해서는 안 된다고 교훈하신다(19:3-6).

네 번째 교훈은 맹세에 대한 내용이다(33-37절). 레위기 19:12에서는 "너희는 내 이름으로 거짓 맹세함으로 네 하나님의 이름을 욕되게 하지 말라"라고 교훈한다. 하나님의 이름을 걸고 함부로 맹세하지 말라는 것이다. 그 맹세를 못 지킬 경우 하나님의 이름이 욕을 받게 되기 때문이다. 이 교훈에는 맹세를 할 경우 반드시 지켜야 한다는 내용이 포함되어 있다. 하지만 유대인들은 맹세를 남발했을 뿐 아니라 하나님의 이름을 걸지 않은 맹세는 지키지 않아도 된다고 여겼다. 이러한 상황에서 예수는 하나님의 이름을 건 맹세 자체를 아예 금하신다. 대신 맹세와 관계없이 옳은 것은 반드시 옳다 하고 아닌 것은 어떤 상황에서도 아니라고 말하라고 교훈하신다. 스스로의 말에 책임을 분명히 지라는 것이다. 이와 같은 교훈은 말을 함부로 내뱉고, 말에 대한 책임을 지지 않고, 오히려 거짓 증거를 일삼는 사회에 대한 도전이 아닐 수 없다. 하나님의 나라는 이런 나라가 아니라 하나님에 대해서든 사람에 대해서든 말한 것은 반드시 책임을 지는 나라다.

다섯 번째 대조는 보복 문제다(38-42절). 유대인들은 구약성경에 나오는 "생명은 생명으로, 눈은 눈으로, 이는 이로, 손은 손으로, 발은 발로, 덴 것은 덴 것으로, 상하게 한 것은 상함으로, 때린 것은 때

림으로 갚을지니라"(출 21:23-25)라는 말씀에 근거하여 보복을 정당화했다. 이 법칙은 오늘날 이스라엘 국가 안에서도 준용된다. 이스라엘 정부는 주위의 아랍 국가나 팔레스타인 테러 단체로부터 공격을 받으면 반드시 그에 준하거나 그 이상의 보복을 가한다. 이러한 보복은 또 다른 보복을 불러일으키는 악순환을 일으킨다. 예수께서는 천국 백성을 향해 이와 같은 보복을 하지 말라고 금하신다. 천국은 보복을 용납하지 않는다. 예수께서는 오히려 오른뺨을 치거든 왼편도 돌려대고, 속옷을 원하는 자에게 겉옷까지 주며, 오 리를 가게 하는 자에게 십 리도 동행하고, 돈을 빌려 달라는 자에게 거절하지 말라고 말씀하신다. 천국은 이런 나라다. 천국 백성인 우리는 가정과 직장과 이 세계 안에서 천국을 만들기 원한다면 세상의 기준에서 불가능한 것도 가능하게 만들어야 하며, 세상에서 가능한 것도 불가능하게 만들어야 한다. 보복이 아니라, 비폭력과 축복으로 대응할 때 오히려 보복의 세계를 잠재우고 천국이 오게 할 수 있다. 예수 자신이 그렇게 살아가심으로써 새로운 이스라엘과 천국의 실제를 우리에게 보여 주신다. 결국 강한 윤리론은 그만큼 강한 기독론을 우리에게 요구한다.

마지막 여섯 번째 교훈은 원수 사랑에 대한 내용이다(43-48절). 당대 유대인들은 사랑하는 대상에 제한을 두었다. 하나님의 선민인 유대인만을 사랑했고, 이방인은 죄인이자 원수로 여겼다. 네 이웃을 네 자신처럼 사랑하라는 교훈도 유대인 동족에게만 적용했다. 그런데 예수께서는 경계선을 긋지 말고 원수까지도 사랑하라고 교훈하신다. 예수는 하나님께서 선인과 악인을 차별하지 않고 그들에게 똑같이 햇볕을 비추고 비를 내려 주신다는 사실을 실례로 드신다. 이로써 옛 세계와 새 세계, 모세와 메시아 예수 사이를 대조하는 여섯 가지 교훈의 최종 결론이 나온다. 예수께서 선포하시는 천국은 원수까지도 사랑하는 나라라는 것이다. 이에 대한 가장 구체적인 실례는 누가복음 10장에 나오는 선한 사마리아인의 이야기다.

어떤 율법교사가 예수를 찾아와 "내 이웃이 누구니이까?"라고 질문한다. 예수께서 생각하시는 사랑의 대상자는 누구까지인지를 묻는 도전적인 질문이다. 예수께서는 여리고를 내려가다가 강도를 만나 거의 죽게 된 유대인 여행자를 보살펴 준 한 사마리아 사람의 이야기를 들려주신다. 제사장과 레위인도 그 여행자를 보았지만 피해 지나가고, 유대인으로부터 개나 돼지로 취급받던 사마리아 사람만이 그 여행자를 도와준다. 이야기가 끝난 후 예수께서 율법교사에게 이렇게 질문하신다. "네 생각에는 이 세 사람 중에 누가 강도 만난 자의 이웃이 되겠느냐?"(눅 10:36) 율법교사가 마지못해 "자비를 베푼 자니이다"라고 대답하자 예수는 "가서 너도 이와 같이 하라"라고 명령하신다.

도움이 필요한 사람을 만났다면 인종과 성별과 신분에 상관없이 기꺼이 그를 돕고 사랑함으로써 이웃이 되어 주어야 한다. 내 이웃이 누구인지 결정하는 것은 내가 아니라 도움이 필요한 상대다. 나는 그저 그의 필요를 채워 줌으로써 이웃이 될 뿐이다. 이러한 일이 일어나는 현장이 바로 천국의 모습이다. 예수께서는 이러한 세계를 구현하고자 오셨으며, 이 일을 위해 자신의 목숨까지도 내주심으로써 우리의 참된 이웃이 되어 주신다. 그리고 내가 너희를 이처럼 사랑했으니 너희도 서로 사랑하라는 새 계명을 주신다(요 13:34). 이 새 계명이 "그러므로 하늘에 계신 너희 아버지의 온전하심과 같이 너희도 온전하라"(5:48)라는 말씀 속에 녹아 있다(참조. 요일 4:9-11).

(4) 구제와 기도(6:1-8)

옛 이스라엘 백성의 삶의 규범이었던 율법에 근거한 유대인들의 의와 새 이스라엘 백성인 제자들이 추구해야 할 의를 여섯 가지로 대조하신 후, 이제 6장에서 예수께서는 천국의 의의 구체적인 실례들로 구제, 기도, 금식에 대해 말씀하신다.

첫 번째로 구제 문제를 살펴보자(6:1-4). 당시 유대 사회는 로마 제국의 지배 아래에 있었는데 로마 정부의 비호를 받던 소수의 지배 세력과 종교 지도자들에게만 경제력이 집중되어 있어서 대다수의 서민은 매일매일 끼니를 걱정해야 할 만큼 매우 궁핍하게 생활했다. 그래서 유대 사회에서는 구제를 중요하게 생각했다. 하지만 정치·종교 지도자들에게 구제는 참된 사랑의 실천이라기보다는 남들에게 규범을 지키고 있음을 보여 주는 표시에 불과하거나 혹은 의를 공개적으로 사회에 드러내는 수단일 뿐이었다. 그들은 사람들이 모여 있는 회당이나 거리에서만 자신의 영광을 위해 구제를 베풀었다.

예수께서는 사람들에게 보이려고 하는 구제는 위선이라고 하시면서, 천국 백성은 남들이 알지 못하게 구제해야 한다고 말씀하신다. 마치 오른손이 하는 것을 왼손이 모를 만큼 은밀하게 해야 한다. 우리 역시 구제나 헌금을 할 때 하나님을 의식하기보다는 남들을 의식할 때가 많다. 하나님을 기쁘시게 하기보다는 체면을 차리기 위해 구제와 헌금을 할 때가 많다. 일부 교회는 이런 점을 이용해서 구제자와 헌금자의 명단을 주보에 싣거나 회중에게 공개하기도 한다. 그렇게 하지 않으면 헌금이 확 줄어든다고 한다. 어떤 의미에서 교회가 성도들의 위선적인 행위를 조장한다고 볼 수도 있다. 예수는 사람들을 의식하는 이 모든 행위는 그 액수나 횟수에 관계없이 하나님께 인정받지 못한다고 말씀하신다. 우리는 구제나 자선을 베푼 후에는 그 일을 했다는 자체를 잊어버리고 살아야 한다(참조. 25:37).

예수께서 구제에 이어 기도에 관해 말씀하신다(6:5-8). 유대인들은 하루에 적어도 세 번 이상 예루살렘 성전을 향해 기도해야 했는데, 기도 역시 위선적으로 할 때가 많았다. 사람들에게 보이려고 회당과 거리에서 큰 소리로 기도했다. 한 바리새인이 성전에 올라가서 기도한 내용이 누가복음에 기록되어 있다. "하나님이여, 나는 다른 사람들, 곧 토색, 불의, 간음을 하는 자들과 같지 아니하고, 이 세리와도 같지 아니함을 감사하나이다. 나는 이레에 두 번씩 금식하고 또 소득의 십일조를 드리나이다"(눅 18:11-12). 예수는 사람들을 의식하고, 자신을 드러내는 이와 같은 자기중심적인 기도는 하나님께 전혀 인정을 받을 수 없다고 말씀하신다. 오히려 자기 가슴을 치며 드린 세리의 기도, "하나님이여, 불쌍히 여기소서. 나는 죄인이로소이다"(눅 18:13)가 하나님께 응답받았다고 말씀하신다. 오직 하나님께만 드리는 기도, 하나님 아버지만을 의식하는 기도가 참된 기도이며, 하나님이 받으시고 응답하시는 기도다.

예수께서는 참된 기도의 모범을 몸소 보여 주셨다. 그분은 사람들이 알지 못하는 장소인 산이나 빈 들에 가셔서 밤을 새어 새벽까지 기도하셨다. 사역의 처음을 40일간의 기도로 시작하셨고(4:1-11; 막 1:12-13; 눅 4:1-13), 십자가 위에서의 기도로 사역을 마감하셨다(눅 23:46). 자신의 사역을 계승할 제자들을 선택할 때도 온밤을 새워 기도하셨으며(눅 6:12-13), 제자들을 떠날 때도 기도하셨다(눅 22:39-44). 하나님 아버지를 바라보지 않고 드리는 기도는 사실상 기도가 아니다. 하나님께서는 그런 기도를 듣지 않으신다.

(5) 주기도문(6:9-15)

예수께서 "너희는 이렇게 기도하라"라고 하시면서 기도의 모범을 제시하신다. 이것이 우리가 "주기도문"(The Lord's Prayer)이라고 부르는 기도문이다. 초대 교회 때 주기도문은 예수께서 신약 교회에 남겨 주신 보물 중의 보물로 간주되어, 세례를 받고 정식으로 입교한 신자들에게만 하루에 세 번씩 규칙적으로 사용할 수 있는 특권이 주어졌다. 주후 2세기의 저명한 신학자였던 테르툴리아누스(약 155-240년)는 주기도문을 "전 복음의 요약"이라고 규정했다. 사실상 주기도문에는 기도문의 수여자이신 예수의 전인격과 메시지가 담겨 있다. 이처럼 주기도문이 중요한데도 오늘날에는 그저 예배 시간에 형식적으로 암송하는 기도문 정도로 취급받기도 한다.

주기도문은 산상 설교의 중심에 위치하고, 산상 설교를 이해할 수 있는 열쇠를 제공한다. 앞에서 언급했듯이, 이 설교의 핵심 어휘는 팔복에 나오는 "천국"(5:3, 10)과 "의"(6:33)다. 이 두 단어는 사실 동일한 내용을 다르게 표현한 것일 뿐이다. 주기도문 전반부에 나오는 하나님에 대한 세 가지 청원이 천국에 대한 내용이라면 후반부인 우리에 대한 세 가지 청원은 의에 대한 내용이다.

1) 서언: "하늘에 계신 우리 아버지"

주기도문은 당대의 유대교 기도문과 다르게 기도를 받는 대상자인 하나님을 "아버지"로 부르면서 시작한다. "아버지"로 번역된 헬라어 "파텔"은 예수의 모국어인 아람어 "아바"에서 유래되었다. 구약 시대는 물론 예수 당시 현존하던 기도문 중에도 하나님을 직접 "아바"로 부르면서 시작하는 기도문은 없었다. 이 점이 주기도문이 유대인들의 다른 기도문들과 구별되는 특성이다.

하나님께서 유대인들의 아버지가 되신다는 사실은 구약성경에도 나온다(신 32:6; 사 64:8; 말 2:10). 유대인들은 하나님께서 이스라엘의 아버지임을 알고 있었다. 하지만 기도 중에 하나님을 친숙어인 "아바"로 부르지는 않았다. 하나님을 그렇게 부른다는 것은 불경한 일이었다. 그런데 예수께서 하나님을 "아바"라고 부르심으로써 하나님이 자신의 아버지 되심을 선언하신다. 제자들에게도 "아바"라고 부르게 하심으로써 하나님이 그들의 아버지 되심을 새롭게 계시하고 그들이 이 새로운 축복을 누리게 하신다. 복음서가 기록되기 전에 쓰인 로마서 8:15과 갈라디아서 4:6에 이미 "아바"가 사용된 점으로 보아, 하나님께서 우리의 아버지가 되신다는 예수의 이 독특한 계시가 초대 교회에서 중요한 역할을 했음을 알 수 있다.

하나님을 부르는 “아버지”라는 호칭은, 기도자가 하나님을 “아버지”로 새롭게 인식하게 하며, “하나님의 자녀”라는 자신의 신분도 새롭게 확인하게 한다. 즉 기도의 대상인 그분이 나에게 어떤 분이며, 나와 어떤 관계이며, 나의 청원에 그분이 왜 응답하시는지를 보여 준다. 이런 점에서 “아바”는 단순한 호칭이 아니다. 하나님과 우리의 관계에 대한 새로운 이해의 표현이자 모든 청원을 실현하게 해 주는 보증서와 같다.

“아버지”에 덧붙여진 “하늘에 계신 우리”라는 표현은, 주기도문이 근본적으로 개인의 기도문이라기보다는 하나님 자녀들의 공동체, 곧 신약 교회 성도들의 공동체적인 기도문임을 보여 준다. “하늘에 계신 우리 아버지”라는 구절은 신구약성경 전체에서 이곳에만 나온다. 마태복음에서 예수께서는 “하늘에 계신 내 아버지”는 아홉 번(7:21, 10:32, 33; 12:50; 15:13; 16:17; 18:10, 19, 35), “하늘에 계신 너희 아버지”는 열 번 말씀하시는데(5:16, 45, 48; 6:1, 14, 26, 32; 7:11; 18:14; 23:9), “하늘에 계신 우리 아버지”는 오직 주기도문 서언에서만 사용하신다. “우리 아버지”라는 표현에 예수와 제자들의 연합이라는 의미가 들어 있다고 생각하기 쉽지만 그렇지 않다. 예수께서는 “내 아버지”와 “너희 아버지”를 엄격하게 구분해서 사용하신다. 이는 예수의 아버지와 제자들의 아버지가 각각 다르다는 뜻이 아니다. 예수와 아버지와의 관계와 제자들과 아버지와의 관계 사이에 절대적인 차이가 있다는 것이다. “우리 아버지”는 예수와 제자들을 연합하여 표현한 것이 아니라 메시아 예수 안에서 제자들이 한 공동체가 되어 한 아버지를 모시고 있음을 강조하는 표현으로 보아야 한다(참조. 23:8-9).

2) 첫 번째 청원: "[당신의] 이름이 거룩히 여김을 받으시오며"

주기도문은 처음부터 모든 강조점을 아버지 하나님께 두는 "절대적인 하나님 중심 사상"을 내보인다. 이는 주기도문 전반부의 세 가지 청원이 "당신(아버지)의 이름", "당신(아버지)의 나라", 그리고 "당신(아버지)의 뜻"과 관련이 있는 점, 첫 번째 청원과 세 번째 청원에서 주동사를 하나님의 행동을 간접적으로 나타내는 신적 수동태를 사용한 점, 그리고 청원을 들어주시는 주체가 하나님인 점에서 여실히 나타난다.

첫 번째 청원의 대상은 아버지이신 "하나님의 이름"이고, 그 청원의 내용은 하나님의 이름이 "거룩히 여김을 받으시는 것"이다. 여기서 "하나님의 이름"은 하나님의 인격 자체를 대변하는 단어다. 이 청원을 올바르게 해석하려면 먼저 두 가지 사실을 염두에 두어야 한다. 하나는 예수 자신이 하나님의 이름을 계시하고 거룩하게 하려고 오신 분이라는 것과(참조. 요 5:43; 17:6, 11, 26), 또 하나는 하나님의 이름의 회복과 계시가 구약에서 이미 종말론적인 약속으로 주어졌다는 사실이다(사 29:22-24; 겔 36:20-2; 39:7; 암 9:11-12; 슥 14:1, 9). 신약성경 저자들이 예수의 사역 목적을 하나님의 이름을 거룩하게 하고 영화롭게 하는 것이라고 말하는 점과(요 12:28; 히 10:10; 13:12), "거룩히 하다"의 동사가 단순 과거 신적 수동태로 사용되었다는 점은, 첫 번째 청원을 성취하는 대리자가 하나님께 보냄을 받은 아들 예수이며, 이 청원이 근본적으로 그의 십자가 죽음과 부활 사건을 통해 성취되었다는 결론을 내리게 한다. 그런데 이처럼 첫 번째 청원이 성취되었는데 우리는 왜 계속해서 "하나님의 이름의 거룩함"을 위해 기도해야 하는가? 또 이 청원이 제자들과 무슨 관계가 있을까?

십계명에서 볼 수 있듯이, 하나님께서는 출애굽 사건을 통해 이스라엘 백성을 구원하고 거룩한 백성으로 삼으신 다음 그들에게 하나님 자신의 이름을 함부로 불러 더럽히지 말라고 명령하셨다. 그러나 이스라엘 백성은 하나님의 법을 온전히 지키지 못하고 범죄하여 거룩하신 하나님의 이름을 더럽혔다. 이 불순종은 하나님께서 창조하신 전 인류의 불순종을 대표한다. 이스라엘의 대변자로 오신 예수는 십자가에서의 죽음과 부활 사건을 통해 우리의 범죄로 더럽혀진 하나님의 이름을 다시 거룩하게 하고 회복시켰을 뿐만 아니라, 우리까지 하나님의 거룩한 자녀로 회복시키셨다. 그러므로 예수 그리스도와 성령 안에서 새로운 창조물로 회복된 성도들은(참조. 고전 6:11; 고후 5:17; 갈 6:15)-하나님의 이름이 우리 때문에 또다시 더럽힘을 당하지 않도록-지금 여기서 하나님의 구원받은 자로서 거룩한 삶을 살아가야 한다는 강한 책임을 갖게 된다. 더 적극적으로 말하자면, 우리는 하늘에 계신 아버지가 온전하신 것처럼 이 땅에서 매일 온전해야 할 책임이 있다.

3) 두 번째 청원: "[당신의] 나라가 임하시오며"

"하나님의 나라", 곧 "천국"은 메시아 예수의 중요한 설교 주제다(4:17; 막 1:15; 눅 4:43). 예수께서는 하나님의 나라를 선포하고 나타내고 성취하기 위해 이 세상에 와서 십자가에서 죽으시고 부활했으며, 그리고 이 하나님의 나라를 완성하기 위해 장차 다시 오실 것이다. 두 번째 청원의 성취자도 메시아 예수이시다. 다시 말하자면 두 번째 청원도 첫 번째 청원처럼 기독론적이고 종말론적인 특성을 지닌다. 그렇다면 이 하나님의 나라는 어떤 나라인가? 하나님의 나라를 한마디로 정의 내릴 수는 없지만 그 핵심 의미는 예수 그리스도를 통해 전 인류와 피조 세계에 하나님의 구속사적인 통치가 이루어지는 나라다. 우리가 죄와 욕심에 사로잡혀 사탄의 지배를 받다가 예수를 통해 사탄의 지배에서 벗어나서 하나님의 구속사적 통치를 받을 때, 우리는 하나님의 나라를 소유하게 된다(12:28; 눅 11:20; 골 1:14). 그리고 이 세상은 우리를 통해 하나님 나라의 영역이 된다. 그러므로 구속사적 통치로서의 이 하나님의 나라는 유대인들의 민족주의적이고 미래에 초점을 둔 하나님의 나라와는 달리 범세계적이고 현재적인 특성을 강하게 지닌다.

오늘날 많은 사람이 하나님의 나라를 우리가 죽고 나서 들어가는, 혹은 예수의 재림 때에 비로소 이루어지는 미래적인 나라라고 생각한다. 물론 하나님의 나라는 장차 예수께서 재림하실 때에 궁극적으로 완성되는 영원한 나라다. 그러나 이에 못지않게 중요한 것은 예수의 오심과 죽으심, 부활, 그리고 재림까지 성령을 통해 이 세상에서 이루어져 가는 현재적인 나라라는 것이다. 예수가 하나님의 아들로서 이 세상에 오셨기 때문에, 죽음과 부활을 통해 우리를 사탄의 지배에서 벗어나 하나님의 지배를 받게 했기 때문에, 부활한 예수가 말씀과 성령을 통해 자신의 백성을 매일 찾아오시기 때문에 하나님의 나라는 이 세상에서 계속해서 이루어진다. 그러므로 그리스도인들은 이미 하나님의 나라 안에서 살고 있다. 이 현재성을 부인하는 것은 예수의 죽음과 부활은 물론, 그 예수가 지금 여기서 이미 우리의 주, 만왕의 왕, 온 세상의 주권자가 되셨음을 부인하는 것과 같다.

그렇다면 예수의 제자인 신자들은 이제 이 세상에서 그리스도와 성령 안에서 하나님 나라의 계속적인 도래와 그 궁극적인 완성을 위해 무엇을 할 수 있는가? 두 가지 방법을 생각해 볼 수 있다. 수직적인 방법은 사람들을 전도해서 하나님의 자녀가 되게 하여 그들의 인격과 삶의 전 영역이 하나님의 나라로 바뀌게 하는 것이다. 수평적인 방법은 세상의 정치, 경제, 문화, 종교 등 모든 영역을 하나님의 말씀으로 새롭게 하고 변화시키는 것이다. 물론 이 두 방법은 상호 보완적이다. 사람이 먼저 변화되지 않으면 사회도 변화될 수 없고, 사람은 이 세상의 영역을 떠나 살아갈 수 없기 때문이다.

따라서 하나님의 나라가 임하기를 간구하는 이 두 번째 청원은, 한편으로는 이 땅에서 사탄과 죄와 불의의 세력에 매여 있는 자들이 어서 속히 거기에서 자유함을 얻어 하나님 나라의 백성이 되는 구속사적 통치가 온 누리에 미치고, 부활하신 그리스도의 왕권이 인간의 모든 삶의 영역, 즉 정치, 경제, 문화, 예술 등에 나타나기를 바라는 선교적 청원인 동시에, 또 한편으로는 주의 재림과 함께 임할 그 영원한 나라, 즉 우리에게 유업으로 약속된 주의 나라가 속히 임하기를 바라는 종말론적인 대망의 청원이다.

4) 세 번째 청원: "[당신의] 뜻이 하늘에서 이루어진 것같이, 땅에서도 이루어지이다"

누가복음에 기록된 주기도문에는 이 세 번째 청원이 나오지 않는다. 이는 이 청원이 사실상 앞의 두 청원을 보충하는 내용임을 시사한다. 세 번째 청원의 대상인 "하나님의 뜻"은 첫 번째 청원인 하나님의 이름의 거룩함과 두 번째 청원인 하나님의 나라의 실현을 가리킨다. 하나님의 뜻이 하늘에서 이루어졌으며, 이제 그 뜻이 땅에서 실현되어야 함을 강조하는 것과, 예수께서 자신의 사역을 하나님의 나라와 연결하시는 것과 똑같이 아버지의 뜻과 연결하시는 점(18:14; 요 4:34; 6:38, 39) 등이 이를 확인해 준다. 우리는 이미 하나님의 이름의 거룩함과 하나님의 나라의 실현이 예수의 십자가 사건과 밀접하게 연결되어 있음을 살펴보았다. 그러므로 세 번째 청원도 예수의 십자가 사건과 관련이 있다.

복음서를 보면 예수께서 십자가 사건과 하나님의 뜻의 실현을 긴밀히 연결하신다. 그 대표적인 경우가 겟세마네 동산의 기도다: "아빠 아버지여, 아버지께는 모든 것이 가능하오니 이 잔을 내게서 옮기시옵소서. 그러나 나의 원(뜻)대로 마옵시고 아버지의 원(뜻)대로 하옵소서"(막 14:36; 참조. 마 26:39; 눅 22:42). 여기서 "아버지의 뜻"은 죄인들을 구속하기 위해 예수가 친히 마셔야 할 하나님의 심판과 진노의 잔, 곧 예수의 수난과 십자가에서의 죽음이다. 이와 같은 내용이 바울 서신과 히브리서에도 나온다(갈 1:4; 히 10:9-10).

그렇다면 이 청원은 신약 시대의 성도들에게 어떤 의미를 지니고 있는가? 앞에서 살펴보았듯이, 첫 번째 청원과 두 번째 청원을 성취하시는 이는 예수이시다. 그리고 메시아 예수 안에서 하나님의 이름이 거룩히 여김을 받으시고 그분의 나라가 임하신다고 해도 우리는 그리스도 안에서 하나님의 자녀로서 계속해서 하나님의 이름을 높여야 하며 하나님 나라의 확장에 매진해야 한다. 이 점이 셋째 청원에도 그대로 적용된다. 즉 예수의 제자들은 하나님의 뜻에 따라 구속받은 자들이기 때문에 부활하신 그리스도 안에서 하나님의 뜻을 이루어 가는 데 참여하게 된다. 하나님의 나라가 그리스도의 죽음과 부활 사건을 통해 이미 종말론적으로 성취되었지만 여전히 계속 확장되면서 종국적인 완성을 기다리고 있듯이 하나님의 뜻도 마찬가지다. 예수께서는 "나더러 주여, 주여 하는 자마다 다 천국에 들어갈 것이 아니요. 다만 하늘에 계신 내 아버지의 뜻대로 행하는 자라야 들어가리라"(7:21; 참조. 막 3:35; 눅 12:47)라고 하시며 제자의 삶이란 하나님의 뜻을 계속 이루어 가는 것임을 강조하신다.

세 번째 청원의 하반절 "하늘에서 이루어진 것같이 땅에서도 이루어지이다"라는 구절도 하나님의 뜻이 땅에서, 즉 우리 개인의 삶은 물론 삶의 모든 영역, 우리의 역사 안에서 구체적으로 실현되어야 함을 강조한다.

5) "우리"에 대한 세 가지 청원

전반부의 세 가지 청원이 하나님에 대한 내용이라면, 후반부의 세 청원은 "우리를 위한 양식", "우리의 죄", "우리를 시험에 빠지지 않게" 등과 같이 우리 자신과 관계된 내용이다. 헬라어 성경에 따르면 하나님에 대한 청원에서는 하나님을 지칭하는 "당신"이라는 단어가 세 번(6:9c, 10a, 10b) 나오는데, 후반부의 청원에서는 "우리"라는 말이 여덟 번이나 사용된다(6:11a, 11b, 12a[x2], 12b[x2], 13a, 13b). 예수께서는 왜 제자들에게 후반부에 나오는 내용과 같은 청원을 하도록 하셨을까? 이 청원은 제자들이 처해 있는 종말론적 상황과 밀접한 관계가 있다. 제자들은 예수를 통해 이미 하나님의 자녀가 되었고, 이미 사탄의 세력에서 해방되었고, 이미 하나님의 나라의 백성이 되었고, 이미 구원의 축복을 누릴 수 있게 되었다.

그렇지만 제자들이 예수 그리스도와 성령을 통해 하나님의 자녀가 되고 하나님 나라의 백성이 되었다고 해서 당장 지상에서 천상으로 옮겨지지는 않는다. 당장 거룩하고 완전하게 되지도 않으며, 당장 세상적인 모든 욕구를 초월하게 되지도 않는다. 하나님의 나라가 아직 완전히 임하지 않았듯이 제자들도 아직 완전하게 되지 않았다. 그래서 주기도문 후반부의 청원이 필요한 것이다. 제자들은 여전히 죄와 유혹이 범람하는 이 세계에 살고 있다. 그들에게는 일용할 양식과 직업과 의복과 물이 필요하다. 여전히 사죄의 은총이 필요하고, 때를 따라 돕는 하나님의 은혜가 필요하다. 요약하자면, 예수께서는 "이미"의 영역에서 살되 "아직"의 영역에서도 살고 있는 제자들의 이중적인 상황을 아시기 때문에 후반부의 청원을 주신 것이다.

6) 네 번째 청원: "오늘 우리에게 [우리의] 일용할 양식을 주시옵고"

네 번째 청원은 핵심 두 단어, 곧 우리말로 "양식"으로 번역된 헬라어 "알토스"와 "일용할"로 번역된 "에피우시오스"를 어떻게 해석하느냐에 따라서 그 내용과 성격이 달라진다. 먼저 "알토스"는 신약성경에서 크게 두 가지 뜻으로 사용된다. 좁은 의미로는 유대인들의 주식이었던 빵을, 넓은 의미로는 생명을 유지하는 데 필요한 제반 양식을 가리킨다. 여기서 문제는 이러한 사전상의 의미를 구별하는 데 있지 않고 이 단어가 단순히 육신을 지탱해 가는 데 필요한 양식인지, 아니면 예수의 성만찬에서의 떡이나 요한복음에 자주 나오는 "참 떡"(요 6:32), "하나님의 떡"(요 6:33), "생명의 떡"(요 6:35, 48)처럼 더 깊은 영적인 의미를 가진 단어인지 하는 것이다.

교부 시대 이후부터 적지 않은 사람들이 "알토스"를 순전히 영적인 의미로만 해석하려고 해 왔다. 그러나 일방적으로 그렇게 해석하는 것은 부적절하다. 후반부의 청원은 "이미"와 "아직"의 두 종말론적인 상황 가운데서 이 세상을 살아가는 제자들을 위한 내용이다. 그러므로 이 "양식"은 인간의 현실적인 삶을 유지하는 데 필수적인 양식을, 더 나아가 집과 직업을 가리킬 수도 있다. 여기서 두 가지 사실을 염두에 두자. 하나는 예수의 제자들과 성도들이 이 세상에 살고 있으나 이 세상에 속하지는 않았다는 점이다. 우리의 삶이 이 지상에서 계속되고 있으나 그것은 육적이고 지상적인 삶이라기보다는 근본적으로는 이미 하나님의 자녀로서 살아가는 영적인 삶이라는 것이다. 또 하나는 만물의 회복자이신 그리스도의 손을 통해서 지상적인 것이 영적인 것으로 바뀐다는 점이다. 세상적인 것과 영적인 것을 나누어 전자를 죄악시하고 후자를 신성시하는 이원론적 사고를 가질 필요는 없다. 제자들의 지상에서의 삶은 이미 하나님의 나라를 위한 영적인 삶이며, 지상의 양식도 영적인 삶을 위한 양식이다. 평범한 떡을 주님께서 거룩한 성만찬의 떡으로 사용하셨듯이, 제자들에게 필요한 떡은 분명히 평범한 떡이지만 또한 영적인 생활을 위해서 하나님께서 주시는 신령하고 거룩한 떡이다.

"일용할"로 번역된 헬라어 "에피우시오스"는 신약성경에 나오는 헬라어 중 그 의미를 정확하게 파악하기 어려운 수수께끼 같은 단어 중의 하나다. 이 단어는 이곳을 제외하고는 신약성경은 물론 그 어떤 현존하는 고대의 문헌에도 나오지 않는다. 헬라어 사전에서는 "존재를 위해서 필수적인", "오늘을 위한", "다가오는 날을 위한", "미래를 위한" 등이라고 이 단어를 소개한다. 주기도문을 종말론적인 관점에서 해석하려고 하는 자들은 "에피우시오스"를 "미래를 위한"이라는 의미로만 해석한다. 이럴 경우 네 번째 청원에 나오는 "양식"(떡)은 다가올 종말론적인 하나님의 나라를 대비하는 생명의 떡이 된다. 하지만 이렇게 일방적으로 해석하는 데에는 적지 않은 문제가 있다.

첫째, 이 떡이 종말론적인 하나님의 나라를 대비한 떡이라면, 이 청원은 전반부에 나오는 하나님 나라의 도래를 위한 청원과 다를 바가 없다. 둘째, 이러한 해석은 이 떡을 수식하는 "우리의", 그리고 "오늘"이라는 단어를 무의미하게 만든다. 셋째, 네 번째 청원을 영적인 의미의 떡을 구하는 것으로 해석하면 주기도문과 같은 장에 나오는 "내일 일을 위하여 염려하지 말라"(6:34)라는 구절과 내용상 조화되지 않는다. 본문에 현재의 시간을 가리키는 "오늘"이 분명히 나오고 있으므로 이 떡을 현재 하루하루의 삶에 필요한 떡으로 보는 것이 더 자연스럽다. 당대 유대 사회의 어려운 경제 여건도 이를 뒷받침해 준다.

이 일용할 양식은 광야 생활을 하는 이스라엘 백성에게 하나님께서 매일 공급해 주신 만나처럼(출 16:13-20), "이미"와 "아직"의 종말론적인 긴장 가운데서 천국 시민으로서 이 세상을 살아가는 성도들에게 필요한 최소한의 양식을 가리킨다. 예수께서 일용할 양식을 구하도록 한 것은 하나님 아버지가 인색하시거나 제한된 능력을 가지셨기 때문이 아니다. 이 청원은 제자들이 더 나은 본향, 즉 예수와 함께 풍족하게 먹고 마실 수 있는 영원한 천국 잔치가 기다리고 있다는 사실을 깨닫도록 하며, 또 한편으로 이 지상에서 풍족하게 먹고 마시는 데 시간을 허비할 것이 아니라 하나님의 나라 건설에 더욱 매진하도록 하기 위한 은혜의 배려다.

7) 다섯 번째 청원: "우리가 우리에게 죄 지은 자를 사하여 준 것같이, 우리 죄를 사하여 주시옵고"

다섯 번째 청원을 해석할 때 문제가 되는 것은 하나님이 우리의 죄를 용서해 주시는 것과, 우리가 이웃의 죄를 용서해 주는 것이 무슨 관계가 있는가 하는 것이다. 먼저 두 가지 점을 염두에 두도록 하자. 첫째, 다른 청원도 마찬가지지만 죄 용서 청원도 예수와 무관한 불신자의 청원이 아니다. 이미 그리스도 안에 있는 자, 즉 하나님의 자녀가 되어 하나님을 "아빠, 아버지"라고 부를 수 있는 자들의 청원이다. 둘째, 이 청원은 자신들의 행위나 공로에 근거해서 조건적으로 하나님께 죄 용서를 구한 바리새파 유대인들의 기도와 근본적으로 다르다는 것이다. 유대인들은 하나님과 자기들 사이의 관계를 보상 관계처럼 생각했다. 즉 그들은 하나님과 자기들 사이의 채무 관계가 그들과 동료들 사이의 채무 관계와 서로 비례한다고 생각했다. 자신들이 공로를 세우거나 형제들의 잘못을 용서해 주는 양만큼 하나님께 용서를 요구할 수 있는 권리를 갖게 된다고 여긴 것이다. 그러나 이 다섯 번째 청원은, 용서를 구할 수 있는 자의 권리나 조건을 강조하는 유대인들의 기도와 달리, 이미 그리스도 안에서 죄 사함을 받아 종말론적인 구원에 참여한 자가 하나님 앞에 설 때 어떤 자세를 가져야 하는지 강조한다.

이 청원은 무엇보다도 먼저, 하나님의 백성이 어떤 존재인지 알려 준다. 우리 신자들은 매일 하나님 앞에서 자신의 죄를 회개해야 하고 하나님께 사죄의 은총을 꼭 받아야 한다. 우리가 하나님을 아빠로 부를 수 있게 되고, 그리스도 안에서 하나님의 이름의 거룩함과 하나님의 나라의 도래와 하나님의 뜻의 실현에 참여할 수 있게 된 것은, 전적으로 예수 그리스도의 죽음과 부활의 구속 사건에 기인한다. 우리의 새로운 신분은 하나님께 받은 선물이다. 그분은 우리를 새롭게 하셨으며, 우리를 자신의 거룩한 백성과 자녀로 삼아 주셨다. 이제 하나님께서 그 신분을 그대로 유지하라고 우리에게 요구하신다. 주기도문 후반부의 청원은 바로 이 새로운 신분의 유지, 즉 하나님의 백성의 진지한 삶을 위한 내용이다.

그런데 하나님께서 요구하시는 삶은 마치 하나님 자신과 같이 완전한 삶이다. 그래서 우리에게는 다섯 번째 청원이 필요하다. 우리가 아무리 애를 써도 하나님의 요구를 다 지킬 수는 없다. 우리는 하나님께 계속 사죄의 은총을 받아야 한다. 다시 말하자면, 우리에 대한 하나님의 무한한 은혜가 선행되었고, 그래서 한층 더 엄격한 새로운 천국 시민으로서의 윤리가 우리에게 요구되었지만 우리는 그 요구를 온전히 지킬 수 없기에 깊은 죄의식과 절망에 빠질 수밖에 없다. 그때 필요한 것이 이 다섯 번째 청원이다. 주기도문 후반부 청원에서는 하나님께 우리의 죄를 사해 달라는 청원과 우리 인간 상호 간의 용서가 서로 병행되어야 함을 강조한다.

물론 이 용서가 죄를 사함받는 조건이라고 쉽게 단정할 수는 없다. 오히려 이것은, 18:21-35에 나오는 "용서할 줄 모르는 종의 비유"처럼, 하나님께 무한히 용서받은 자가 그분 앞에서 어떤 자세를 가져야 하는지를 강조한다. 즉 하나님의 무한한 은총과 사랑을 받았다면 반드시 하나님의 사랑을 드러내야 할 최소한의 의무를 지니며, 이 의무를 지키지 않으면 하나님께 무서운 심판을 받게 된다는 것이다. 하나님의 용서와 우리의 용서가 마치 순환 관계에 있는 것처럼 보인다. 물론 하나님의 용서가 인간의 용서에 의존하거나 조건부 관계에 있다는 뜻은 아니다. 오히려 하나님의 용서를 절실히 원하면 이웃을 용서하지 않을 수 없고, 그렇게 용서를 실천한다는 것은 하나님의 용서의 참된 가치를 깨달은 것이다.

주기도문에 이어 나오는 말씀, "너희가 사람의 잘못을 용서하면 너희 하늘 아버지께서도 너희 잘못을 용서하시려니와, 너희가 사람의 잘못을 용서하지 아니하면 너희 아버지께서도 너희 잘못을 용서하지 아니하시리라"(6:14-15)도 이러한 문맥에서 이해해야 한다. 따라서 신자들은 주기도문의 다섯 번째 청원을 통해, 한편으로는 자신이 완전한 의와 하나님의 나라에 이르는 그날까지 계속 하나님의 은혜와 사죄의 은총이 필요한 죄인임을 깨닫고, 회개하고 용서를 구하는 삶을 살아야 하고, 또 한편으로는 하나님의 용서를 자신의 삶에서 드러냄으로써 자신도 남들을 용서하는 삶을 살아야 한다.

8) 여섯 번째 청원: "우리를 시험에 들게 하지 마시옵고, 다만 악에서 구하시옵소서"

마지막 청원인 여섯 번째 청원은 부정형이다. 지금까지는 모두 긍정형 청원이었는데 왜 이 마지막 청원만 부정형일까? 이 청원을 올바르게 해석하려면 두 가지 점을 유의해야 한다. 첫째, "시험"과 "악"이 무엇을 가리키는가 하는 것이다. 둘째, 상반절의 부정형 청원과 하반절의 긍정형 청원이 어떤 관계인가 하는 것이다. 복음서에서 "시험"은 마귀의 사역과 관련해서 사용되거나(4:1, 3; 26:41; 막 1:13; 14:38; 눅 4:2, 13; 8:13; 22:28, 40, 46), 예수를 대적하는 바리새인과 서기관과 헤롯 당원과 관련해서 사용된다(16:1; 19:3; 22:28, 35; 막 8:11; 10:2; 12:15; 눅 11:16; 요 8:16). 요한복음 8:44에서 예수께서 자신을 대적하고 시험하는 자들을 마귀와 관련시킨 점을 고려한다면, 복음서에서 "시험"은 사실상 모두 마귀의 사역과 관련이 있다. 이러한 증거는 주기도문에 나오는 "시험"을 인간이 내적으로 유혹과 욕심에 이끌려서 받는 시험이라기보다는, 사탄이 예수와 제자들의 메시아적 사역과 복음 전파 사역을 방해하는 모든 외적인 시험을 가리키는 것으로 보도록 한다.

그리고 마귀로부터의 시험을 앞두고 예수께서 겟세마네 동산에 가셔서 제자들에게 주기도문과 똑같은 형식으로 "시험에 들지 않도록 기도하라"라고 말씀하신 것과, "악에서 구하시옵소서"에서 "악"이 정확하게 사탄을 가리키고 있다는 점도 이 주장을 뒷받침해 준다. 이 시험은 제자들이 복음을 전할 때 받는, 즉 이 땅에서 하나님의 이름이 거룩히 여김을 받게 하고 하나님의 나라를 확장되게 하며 그분의 뜻이 이루어지도록 노력할 때 제자들이 당하는 모든 외적인 환난과 핍박과 유혹을 가리킨다.

주기도문에 나오는 시험이 이처럼 성도들이 하나님의 나라를 위해, 그리고 하나님의 자녀로서 참된 믿음을 지키며 살고자 노력할 때 예수의 원수인 사탄으로부터 받는 여러 가지 시험이라면, "우리를 시험에 들게 하지 마시옵고"라는 말은 무슨 뜻인가? 이 청원은 마귀의 시험을 전혀 받지 않게 해 달라는 것이 아니라, 비록 시험을 받을지라도 마귀의 수중에 떨어지지 않고 그 시험을 극복하고 승리하기를 바라는 내용이다. 우리가 이 세상에 살고 있는 한, 그리고 하나님의 나라의 도래를 기다리며 사는 한 그 적대자인 마귀의 시험을 피할 수는 없다. 즉 주기도문의 마지막 청원은 실로 시험으로부터의 예방과 보호가 아니라 오히려 시험 안에서의 보호와 승리를 뜻한다.

예수 역시 마귀에게서 숱하게 시험을 받았으나 매번 승리하셨다. 예수께서는 제자들을 위하여 중보하실 때 제자들이 그 악한 자, 즉 마귀의 권세 아래로 떨어지지 않기를 간구하셨다(요 17:11, 15). 주기도문의 마지막에 나오는 "시험"이 마귀에게서 오는 특수한 시험을 의미하고, "시험에 들게 하지 마시옵고"라는 청원 역시 그러한 시험 안에서의 보호와 승리를 간구하는 청원이라고 하는 이 해석의 정당성은 누가복음의 주기도문에는 나오지 않고 마태복음에만 나오는, "다만 악에서 구하시옵소서"에서 더욱 명백하게 입증된다.

마지막 청원의 하반절을 해석하는 데 제일 문제가 되는 것은 헬라어 성경에서 정관사와 함께 사용되는 "그 악"이 추상적인 "악"을 가리키기보다는 "사탄"을 가리킨다고 보는 점이(그렇게 암시된다는 점이) 과연 정당한가 하는 것이다. "악" 앞에 나오는 관사를 남성 관사로 보면 그것은 "그 악한 자", 곧 사탄을 가리키게 되고, 중성 관사로 보면 모든 사악한 조건이나 행동, 악한 세력들을 가리키게 된다. 문법적으로는 어느 쪽이든 택할 수 있기 때문에 학자들 간에도 의견이 분분하다.

대다수의 학자는 "그 악한 자"를 사탄으로 간주한다. 앞에 대칭 단어 "시험"이 나오고, 복음서나 다른 서신서에서 사탄을 악한 자로 규정하는 경우가 많기 때문이다. 예를 들면, 13:19에 나오는 "악한 자"가 사탄을 가리킨다는 것은 병행 구절인 마가복음 4:15에서는 정확하게 사탄으로, 누가복음 8:12에서는 마귀로 표기되는 점을 보아 부인할 수 없다. 그리고 13:38에서도 "천국의 아들들"과 대조되는 "악한 자의 아들들"이 사탄의 아들들을 가리키고 있음이 분명하다. 요한복음 17:15의 "악"과 요한일서 5:18의 "악한 자"도 사탄을, 에베소서 6:16과 데살로니가후서 3:3의 "악한 자"도 역시 사탄을 가리킨다. 오늘날 신학자들이 사탄을 비인격화시켜 버리는 경향이 있는데, 복음서와 그 밖의 서신서에서는 사탄을 단순히 "악"으로 규정하기보다는 하나님과 그리스도와 하나님의 자녀들을 대적하는 하나의 인격체로 묘사한다. 따라서 "악"은, 상반절의 "시험"이 하나님의 백성에게 외부적으로 임하는 사탄의 모든 시험을 가리킨다고 보는 것과 동일하게, 어떤 추상적인 악이나 죄가 아니라 모든 악과 죄의 근원이 되는 인격체인 사탄을 가리킨다고 보는 것이 더 온당하다.

그러므로 주기도문 마지막 청원의 상반절과 하반절은 각각 다른 내용을 말하는 독립된 청원이 아니라, 똑같은 내용을 부정형과 긍정형으로 반복하는 것이라고 볼 수 있다. 누가의 주기도문에 상반절 청원만 나오는 것도 이 점을 지지한다. “다만 악에서 구하시옵소서”라는 청원은 사탄의 위협과 공격 아래서도 배교나 불신의 자리에 떨어지지 않고 모든 것을 물리치고 승리할 수 있도록 해 달라는 간곡하고도 적극적인 부르짖음이다. 그리고 후에는, 하나님께서 반드시 제자들 자신들을 구원해 주실 것이라는 확신을 동반한 청원이 되었다. 그들은 그리스도께서 십자가 위에서 죽으셨다가 부활하심으로써 사탄의 세력을 분쇄해 버리셨음을 직접 보았고, 오순절 성령 임재 사건을 통해 예수께서 영원히 그들과 함께 계신다는 것(18:20; 28:20)을 알게 되었다. 그들은 세상에서 환난을 당할 때에도 예수께서 세상과 사탄을 정복했다는 사실을 의심하지 않았다(요 16:33). 그렇기 때문에 초대 교회 성도들은, 디다케 8:3 이하에 나오듯이 하루에 세 번씩 주기도문을 외우면서, 사탄의 시험들을 회피하지 않고 오히려 주님처럼 그것에 정면으로 맞서 승리의 개가를 불렀다. 예수께서 주신 주기도문에 덧붙여진 영광송 “나라와 권세와 영광이 아버지께 영원히 있사옵나이다”는 바로 이러한 상황에 처한 초대 교회 성도들이 시련 가운데서 불렀던 승리의 찬송이다.

(6) 금식과 재물(6:16-34)

기도의 교훈에 이어 세 번째로 설교하신 내용은 금식 문제다(6:16-18). 유대인들에게 금식은 기도, 구제와 함께 자신의 신앙을 드러내는 중요한 표현이었다. 본래는 1년에 대속죄일 하루만 전 민족적으로 금식을 했으나(레 16:29-31) 바빌론 포로기 이후 그 횟수가 점차 늘어나서, 예수 당시에는 일주일에 두 번씩 금식을 해야 했다. 횟수가 늘어나면서 금식도 기도나 구제와 마찬가지로 본래의 정신에서 벗어나 형식적이고 위선적인 행위로 변질되어 갔다(눅 18:9-14). 이에 예수께서는 종교 지도자들을 향해, "화 있을진저 외식하는 서기관들과 바리새인들이여 잔과 대접의 겉은 깨끗이 하되 그 안에는 탐욕과 방탕으로 가득하게 하는도다"(23:25)라고 책망하신다.

금식은 개인이나 민족이 특별한 어려움에 직면했을 때 하나님께 회개하고 헌신을 다짐하고자 식사를 중단하는 것이다. 금식은 기도와 마찬가지로 당사자와 하나님과의 관계 문제이므로 은밀하게 행해야 한다. 하지만 유대인들은 자신이 금식한다는 것을 사람들에게 보이려고 일부러 슬픈 기색을 하거나 얼굴을 흉하게 했다. 예수께서 이런 금식은 하나님 앞에서 아무런 가치가 없다고 말씀하신다. 오히려 금식하는 것을 사람들이 알아차리지 못하도록 머리에 기름을 바르고 얼굴을 씻으라고 말씀하신다. 하나님께서는 은밀한 금식에만 응답하신다.

네 번째 교훈은 재물에 대한 것이다. 예수께서는 의식주 생활에 필요한 물질이나 돈 자체를 나쁜 것으로 규정하거나 거부하지 않으신다. 예수께서 반대하시는 것은 재물 그 자체가 아니라 재물의 노예가 되는 것이다. 재물뿐 아니라 명예, 오락, 도박, 성, 스포츠와 같은 것에 빠지면 신앙생활을 등한히 할 수밖에 없다. 눈에 보이는 물질적인 것에만 관심을 두다 보면 물질보다 더 중요한 영적인 것들, 곧 하나님의 세계를 놓치고 만다. 그래서 예수는 제자들을 향해 네 보물을 땅에 쌓아 두지 말고 보이지 않는 하늘에 쌓아 두라고 말씀하신다.

"한 사람이 두 주인을 섬기지 못할 것이요", "하나님과 재물을 겸하여 섬기지 못하느니라"라는 말씀은 신자가 물질적인 것은 무조건 나쁘다고 단정하여 거부해야 한다는 뜻이 아니다. 이 말씀의 강조점은 돈과 같은 물질의 노예가 되어 영적인 것을 보지 못하거나 하나님을 섬기지 못하면 안 된다는 것이다. 신자가 먹든지 마시든지 무엇을 하든지 하나님의 영광을 위해서 한다는 소명의식을 가진다면, 직장과 영업장이 삶의 터전이자 하나님의 나라를 구현하는 신성한 장소가 될 수 있다. 영적인 것을 보물로 삼아야 물질적인 것을 초월할 수 있다. 하나님을 내 삶의 진정한 주인으로 모셔야 세상의 모든 유혹으로부터 벗어날 수 있다.

의식주는 고대나 현대의 제자들 모두에게 이 세상을 살아가는 데 반드시 필요한 기본 요소다. 의식주가 해결되지 않으면 생존 자체에 위협이 된다. 그래서 인간은 본능적으로 이 문제를 삶의 최우선 목표로 둔다. 신자들도 의식주 문제를 해결하려고 열심히 일한다. 신자라고 해서 늘 형편없는 식사를 하고, 날마다 해진 옷을 입고, 단칸방에 살아야 하는 것은 아니다. 예수께서도 때로는 제자들과 함께 먹고 마시는 잔치를 즐기셨다.

어떤 이들은 하나님께서 의식주 문제를 다 해결해 주실 것이므로 신경 쓰지 않아도 된다고 말하기도 한다. 하지만 예수께서 무엇을 먹을까 무엇을 마실까 무엇을 입을까 염려하지 말라고 하신 것은 그런 의미가 아니다. 강조점이 우선순위에 있다. 먹고사는 문제가 신자의 삶의 최우선 순위가 되어서는 안 된다는 뜻이다. 천국 백성에게 최우선 순위는 "하나님의 나라와 그의 의"를 구하는 것이다. 그것이 우리 삶의 최고 목적이다. 우리가 그의 나라와 의를 먼저 구할 때 하나님께서 의식주 문제를 포함한 삶의 여러 가지 필요들을 채워 주신다. 공중의 새와 들의 백합화와 들풀까지도 기르고 입히고 보호하시는데 하물며 자녀들을 책임져 주지 않으시겠는가? 실제로 예수 자신도 그렇게 사셨다. 예수의 제자들인 우리는 예수를 통해 주시는 이 아버지 하나님의 약속을 믿고 먹고사는 문제에 대해 염려하지 말아야 한다. 오히려 하나님을 전적으로 신뢰하고 그의 나라와 그의 의를 구하며 살아가야 한다. 그렇게 할 때 하나님께서 우리에게 필요한 모든 것을 다 채워 주실 것이다.

(7) 비판(7:1–6)

"비판하지 말라"라는 구절은 본래 재판관의 위치에 서서 다른 사람을 비판하거나 정죄하지 말라는 뜻이다. 모든 비판을 금지하라는 뜻이 아니다. 건전한 비판은 꼭 필요하다. 국민이 정부를 향해, 시민이 지방 자치 단체를 향해 건전한 비판을 할 수 있어야 한다. 그래야 독재나 부패를 방지할 수 있다. 조직이나 단체 안에서도 상급자가 하급자에게, 하급자가 상급자에게, 혹은 제자가 스승에게, 스승이 제자에게 서로의 잘못된 점을 비판해 주어야 한다. 청소년이나 젊은 이들이 도덕과 질서를 무너뜨리는 무질서한 행동을 할 때 어른들은 이들에게 잘못을 지적해 주고 무엇이 옳은지 깨우쳐 주어야 한다.

학문의 세계에서는 더더욱 비판이 필요하다. 학문은 비판을 통해서 좋은 방향으로 발전할 수 있다.

그러나 그 어떤 비판도 상대방을 비하하려는 의도로 진행되어서는 안 된다. 비판을 위한 비판, 정죄하기 위한 비판은 용납될 수 없다. 성경이 금하는 비판은 상대방을 살리거나 발전시키기 위한 긍정적인 비판이 아니라, 상대방을 죽이거나 넘어뜨리려는 의도를 가진 부정적인 비판이다. 인간은 그 누구도 완전하지 않으므로 서로를 향해 비판해 주어야 하고 서로 그 비판을 수용할 수도 있어야 한다. 그러나 자신의 허물은 보지 않고 어떻게 해서든지 상대방의 허물을 찾아내어 기어코 비판을 하려는 이들이 있다. 자신의 눈 속에 있는 들보는 보지 못하고 다른 사람의 눈 속에 있는 작은 티를 문제 삼는 위선자들이다. 성경은 이런 자들을 향하여 "너희가 비판하는 그 비판으로 너희가 비판을 받을 것이요"라고 경고한다.

거룩하신 하나님 앞에서 우리 자신을 바라보면 우리는 모두 티가 아니라 들보를 가진 자들이다. 그러므로 함부로 형제를 비판하거나 정죄할 수 없다. 내가 하나님의 은혜와 용서와 사랑으로 살듯이 상대방도 그러하다는 것을 인정해야 한다. 너와 나를 인간의 관점이 아닌 하나님의 관점에서 바라본다면 우리는 서로 용서하고 이해하고 사랑해야 할 자들이다. 남의 허물을 보기 전에 먼저 나 자신의 연약함과 허물을 볼 수 있다면, 설령 그다음에 상대방의 허물을 발견한다 하더라도, 상대방을 비판하기보다는 짐을 대신 져 주고, 사랑으로 문제를 개선해 나갈 수 있다. 이것이 바로 우리의 거룩한 정체성을 지키는 길이다.

산상 설교를 읽다 보면 예수께서 우리에게 너무 높은 수준의 삶의 태도를 요구하신다는 느낌을 받을 때가 있다. 왜냐하면 천국 백성의 삶 자체가 상대 윤리가 아니라, "하늘에 계신 너희 아버지의 온전하심과 같이 너희도 온전하라"(5:48)라는 구절처럼, 절대 윤리를 요구하기 때문이다. 그렇다고 해서 산상 설교를 우리의 행위만을 강조하는 일반적인 윤리 계명으로 볼 수 없는 이유는 하나님의 은총과 약속이 설교의 중심에 흐르고 있기 때문이다. 산상 설교를 내가 반드시 지켜야 한다는 관점에서 본다면 무거운 짐으로 다가오지만, '산상 설교의 주인이신 예수께서 이루신다', '아버지 하나님께서 나를 통해 이루신다', '내가 지킬 수 있도록 성령의 능력을 주신다'라는 관점에서 본다면 오히려 우리에게 은혜의 복음으로 다가온다.

(8) 기도와 응답, 넓은 길과 좁은 길(7:7-29)

예수는 본문에서 하나님께서 자녀의 기도에 반드시 응답하신다는 사실을 강조한다. "구하라", "찾으라", "문을 두드리라"라는 삼중적 현재 명령은 각각 다른 내용이 아니라 지속적으로 반복해서 기도해야 함을 강조하는 표현이다. 한두 번 하다가 중단하는 것이 아니라, 응답받을 때까지 계속 기도해야 한다는 것이다.

그러나 기도에 관한 예수의 강조점은 우리의 기도 자세가 아니라, 삼중적인 응답인 "너희에게 주실 것이요", "[너희가] 찾아낼 것이요", "너희에게 열릴 것이니"의 약속에 나오듯이, 우리의 기도에 반드시 응답하시는 하나님의 신실하심과 은혜로우심에 있다. 하나님은 마지못해서 우리의 기도에 응답하시는 인색한 분이 아니다. 지상의 아버지도 자식에게 좋은 것을 주기 원하는데, 하물며 하늘에 계신 우리 아버지는 사랑하는 백성에게 더 좋은 것을 반드시 주시지 않겠는가? 산상 설교가 우리에게 은혜의 복음이 되는 이유가 바로 여기에 있다. 현대 크리스천의 문제는 하나님께서 기도할 길을 열어 주셨을 뿐 아니라, 기도에 반드시 응답하겠다는 약속을 주셨음에도 불구하고, 하나님께 기도하지 않는다는 것이다. 하나님께 기도하지 않는 것은 우리가 그분의 자녀임을 부정하는 불신앙의 표현이다. 기도의 응답을 통해서 하나님의 신실하심과 사랑을 체험할 때 우리는 우리가 받은 은혜와 사랑을 이웃과 나누는 황금률("남에게 대접을 받고자 하는 대로 너희도 남을 대접하라[7:12])을 실천할 수 있다.

오늘날 기독교라는 이름 아래서 성도들을 미혹하고 교회를 혼란하게 하는 이단들과 거짓 교사들이 있듯이, 초기 기독교 공동체 안에도 그러한 이들이 있었다. 당시 유대주의자들은 오직 예수 그리스도를 믿음으로써 구원을 받는다는 이신칭의의 교리를 거부한 채 유대교의 할례와 율법으로 구원을 받는다고 주장했으며, 영지주의자들은 예수 그리스도의 성육신과 그분의 죽음과 육체적 부활을 믿지 않았다. 그렇다면 교회 안에 있는 이단들과 거짓 교사들을 어떻게 구분할 수 있는가? 예수께서는 신분과 삶은 서로 분리될 수 없다고 하시면서 그 열매로 그들을 구분해야 한다고 말씀하신다. 교회 안에서 거짓 교사나 이단의 무리를 구분하는 중요한 기준 중의 하나는 재물과 명예와 성적인 쾌락을 탐닉하는지 살펴보는 것이다. 주님의 이름을 빙자하여 말씀을 유창하게 전하고 신유 등 여러 가지 이적을 행한다 하더라도 그가 물질을 탐하고 명예와 성적 쾌락을 추구한다면 일단 의심해 보아야 한다.

마태복음 5장부터 7장까지 이어지는 산상 설교는 이 설교에 대한 두 종류의 반응을 소개하며 끝을 맺는다. 예수께서는 말씀을 듣고 그대로 행하지 않는 자는 모래 위에 집을 세우는 어리석은 자이며, 행하는 자는 반석 위에 집을 세우는 지혜로운 자라고 말씀하신다. 모래 위에 세운 집은 비가 오고 바람이 불면 무너지지만, 반석 위에 세운 집은 비가 오고 바람이 불더라도 무너지지 않는다. 말씀을 듣는 것에 그치는 자는 불완전한 신앙을 가졌기에 개인적으로 혹은 가정에 어려움이 오면 신앙을 지키지 못한다. 말씀을 듣고 그대로 행하는 자는 어떠한 대내외적 어려움을 만난다 하더라도 신앙이 흔들리지 않는다.

그렇다면 어떻게 해야 말씀을 듣고 순종하는 자가 될 수 있는가? 그 방법이 무리의 반응, "그의 가르치심에 놀라니 이는 그 가르치시는 것이 권위 있는 자와 같고 그들의 서기관들과 같지 아니함일러라"(7:28-29)에 나와 있다. 이것이 사실상 산상 설교의 결론이다. 산상 설교의 핵심은 우리가 무엇을 해야 한다는 식의 단순한 윤리적 교훈에 있지 않다. 그것을 뛰어넘어 그 설교를 하시는 분이 누구인가 하는 것에 있다. 설교를 하시는 분은 모세를 뛰어넘어 하나님의 권위를 가진 자로서, "너희는 그동안 이렇게 들어 왔지만 나는 이렇게 말한다"라고 하시며, 곧 아브라함과 다윗의 자손인 메시아인 동시에 하나님을 대변하시는 하나님의 아들임을 보여 준다. 이분은 제자들을 위해 먼저 율법을 성취하시고, 그들을 팔복의 대상자로, 세상의 소금과 빛으로 세우신 다음, 세상에서 그 역할을 하라고 명하신다. 산상 설교의 구체적인 윤리적 가르침은 바로 이 일을 하기 위함이다.

이것이 하나님의 의와 그의 나라를 구현하는 것이다. 제자들이 이 세상에서 하나님의 아들이신 그분의 가르침을 수행할 때 이 세상에 하나님의 나라가 구현된다. 하나님의 나라는 지금 여기서 계속 구현할 수 있는 현재적인 실제이며, 장차 그분의 재림을 통해 최종적으로 완성되는 미래적인 특성을 지닌다. 이는 산상 설교의 실천이 설교를 말씀하신 그분과 분리되어 있지 않음을 나타낸다. 산상 설교를 올바르게 실천한다는 것은 그것을 말씀하시는 분이 누구인지를 바로 알고 그분을 전적으로 믿고 신뢰하는 것이다.

5-7장에서는 설교를 통해 예수가 누구인지, 그의 제자들이 무엇을 해야 하는지 알려 주었다면, 8-9장에서는 예수의 치유와 이적 사역을 통해 그분이 누구이며, 그의 제자들이 어떤 자들인지 보여 준다.

2. 치유와 이적 사역(8:1-9:38)

마태복음은 문학적으로 잘 구성된 드라마다. 5-7장의 공간적 배경은 산이다. 주된 청중은 예수의 제자들이다. 주인공 예수께서는 제자들에게 천국 백성의 삶의 원리를 가르치는 위대한 선생의 역할을 하신다. 8-9장의 배경은 동네와("예수께서 산에서 내려 오시니"[8:1])

갈릴리 바다다. 주된 청중은 일반 백성, 특별히 각종 질병으로 고통받는 무리다. 예수께서는 무리의 고통을 담당하시고 그들의 질병을 치유해 주시는 목자요 의사로 등장하신다. 5-7장에 이어 8-9장도 주인공이 메시아 예수이시다. 그리고 집필 의도도 동일하다. 하나님의 나라가 지금 여기에 도래했음을 알리는 것이다.

차이점도 있다. 5-7장에서는 예수의 설교를 통해서 하나님 나라의 도래를 말하고, 8-9장에서는 예수의 행위를 통해서 그렇게 한다. 5-7장은 모세의 옛 계명과 메시아 예수의 새 계명이 대조를 이루고, 8-9장은 모세가 행한 열 가지 이적과 메시아 예수의 열 가지 이적이 대조를 이룬다. 이적들은 다음과 같다. 나병환자를 고치심(8:1-4), 백부장의 종을 고치심(8:5-13), 베드로의 장모와 무리를 고치심(8:14-17), 풍랑을 잔잔하게 하심(8:23-27), 군대 귀신을 축출하심(8:28-34), 중풍병자를 고치심(9:1-8), 혈루증 걸린 여인을 고치심(9:18-22), 죽은 소녀를 살리심(9:23-26), 두 맹인을 고치심(9:27-31), 귀신 들려 말 못하는 자를 고치심(9:32-34).

5-7장에서는 예수께서 옛 언약의 선포자인 모세와는 비교할 수 없는, 위대하신 새 언약의 선포자요, 하나님의 아들이요, 천국의 왕임을 강조한다. 8-9장에서는 예수께서 새 언약의 축복을 받은 천국 백성을 친히 돌보시는 목자임을 강조한다. 이사야 선지자가 "우리의 질고를 지고 우리의 슬픔을 당하였거늘"(사 53:4)이라고 예언한 대로 예수는 야훼의 종과 이스라엘의 목자로서 마치 목자가 자기 양 떼를 돌보듯이 질병과 어려움에 처해 있는 이스라엘 백성을 친히 돌보신다. 그분은 여러 가지 이적을 베푸심으로써 인간의 모든

질병을 치유해 주시며, 자연 세계까지도 다스리시는 능력과 권세를 가진 분이심을 나타내신다.

8-9장에는 세 개의 삽화가 포함되어 있다. 첫째는 제자도(8:18-22), 둘째는 마태의 부름과 식탁 교제(9:9-13), 셋째는 금식(9:14-17)에 대한 내용이다. 첫 번째 삽화에서는 예수의 제자가 되려면 어떤 상황에서도 예수의 부름에 즉각 순종해야 함을 가르쳐 주고, 두 번째에서는 예수께서 누구를 부르시는지를 알려 주며, 세 번째에서는 옛 시대에 속한 요한의 제자들과 새 시대에 속한 예수의 제자들의 차이점을 설명한다.

(1) 나병환자와 중풍병자를 고치시다(8:1-13)

8-9장의 서두에 해당하는 8:1-13에서는 예수께서 유대인 나병환자와 이방인 백부장의 하인을 고쳐 주신 치유 사역을 소개한다. 당시에는 나병을 하나님께 저주를 받아서 걸리는 매우 수치스러운 병으로 여겼다. 그래서 나병에 걸리면 가족과 사회로부터 격리되어 따로 살아야 했다. 예수께서 산에서 내려오시자 수많은 무리가 예수를 따른다. 한 나병환자가 예수를 찾아와 절을 하고 이렇게 말한다. "주여, 원하시면 저를 깨끗하게 하실 수 있나이다"(8:2). 그는 예수를 "주님"이라고 불렀고, 예수께서 자신을 고쳐 줄 수 있다고 굳게 믿었다. 예수께서는 참된 믿음의 모습을 보여 준 그에게 "깨끗함을 받으라"라고 하시면서 직접 손을 대고 그를 고쳐 주신다. 그는 예수를 향한 경배, 바른 신앙 고백, 믿음의 확신으로 병을 치유받았다.

두 번째 치유 사역은 이방인인 로마 군대 장교의 중풍병자 하인을 고쳐 주신 사건이다. 첫 번째 치유 사역에서는 동족인 유대인들에게 멸시당하고 있지만 유대인에게서 찾아보기 어려운 훌륭한 믿음을 가진 나병환자가 나오고, 두 번째 치유 사역에서는 유대인들에게 죄인으로 간주되지만 유대인에게서 찾아보기 어려운 훌륭한 믿음을 가진 이방인 백부장이 나온다. 그가 예수를 찾아가서 자기 하인의 병을 고쳐 주기를 간청하자 예수께서 그의 집에 직접 가서 고쳐 주겠다고 제안하신다. 그는 나병환자와 마찬가지로 예수를 "주님"이라고 부르면서, 이방인인 자신의 집에 예수를 감히 모실 수 없다고 하며 그저 말씀만 하셔도 하인의 병이 나을 수 있다고 고백한다. 예수께서는 이스라엘 백성 중에서도 이와 같은 믿음을 가진 자를 발견하지 못했다고 하시며 백부장을 칭찬하신다. 그리고 "네 믿은 대로 될지어다"라는 말씀으로 하인의 병을 고쳐 주신다.

두 치유 사역에서 예수가 어떤 분이시며, 그리고 그분을 향한 참된 믿음의 자세가 무엇인지 알 수 있다. 예수께서는 이스라엘 백성뿐 아니라 온 세계 사람들의 모든 질병을 치유해 주시는 분이다. 그분은 이스라엘을 회복시키시는 새 이스라엘이실 뿐 아니라, 죄와 질병의 고통 가운데 있는 모든 아담의 후손들을 회복시키시는 마지막 아담이시다. 참된 믿음은 예수를 하나님이 보내신 새 이스라엘과 마지막 아담으로 알고, 그분이 우리의 모든 문제를 능히 해결해 주실 수 있는 분임을 믿고, 그분을 찾아가 그분을 전적으로 신뢰하는 것이다.

(2) 베드로의 장모와 귀신 들린 자를 고치시다(8:14–17)

계속해서 세 번째 치유 사건이 나온다. 예수께서 열병이 든 베드로의 장모를 고쳐 주신 후, 그 지역에서 귀신 들린 자와 각종 질병을 앓고 있는 병자들을 고쳐 주신다. 마태복음은 이와 같은 치유 사역 소개함으로써 예수가 바로 이사야의 예언을 성취하신 그 메시아임을 거듭 강조한다.

예수는 하나님의 말씀을 가르치고, 천국 복음을 전파하고, 질병을 고쳐 주는 3대 사역을 하려고 이 세상에 오셨다. 치유 사역은 단순히 육신의 질병을 고쳐 주는 데 근본 목적이 있지 않다. 육신적 질병의 치료는 더 근원적인 영적 질병 치료의 상징이다. 예수께서 병자를 치유하면서 죄 용서도 함께 선포하시는 이유가 여기에 있다. 예수께서는 영적 질병뿐 아니라 육신의 질병까지도 범죄로부터 왔다고 보신다. 인류의 시조 아담과 이브가 죄를 범했을 때 인류는 창조주 하나님과 교제가 단절되는 영적 질병을 앓게 되었고, 창조 세계가 오염되었으며, 각종 질병이 인간에게 스며들었다. 복음서에 나오는 예수의 많은 치유 사역들은 인간의 모든 죄를 사하고 오염된 창조 세계를 새롭게 하시는, 하나님 나라의 구현이며 위대한 십자가 사역의 전주곡이라고 볼 수 있다.

(3) 제자의 조건(8:18–22)

예수의 권세 있는 말씀 전파와 여러 질병을 고치시는 놀라운 사역을 보고 적지 않은 사람들이 예수의 제자가 되려고 찾아온다. 그러나 그들은 예수께서 어떤 분이며, 어떤 메시아로 세상에 왔는지 알지 못했고, 예수의 참된 제자가 된다는 것이 무엇을 뜻하며, 어떤 대가를 치러야 하는지도 알지 못했다. 예수께서 그들에게 자신이 이 세상에서 머리를 기댈 거처조차 없는 인자, 곧 고난의 메시아라는 것과 자신을 따르는 참된 제자가 되려면 이 세상의 모든 영광을 포기해야 한다고 알려 주신다.

세상의 영광을 추구하고, 세상에서 일어나는 온갖 일에 관심을 두면서 동시에 고난의 메시아인 예수를 따른다는 것은 불가능하다. 세상적인 삶과 제자의 삶, 영광의 삶과 고난의 삶은 양립할 수 없다. 영적으로 죽어 있는 사람들과 교제하고 그들의 일에 적극적으로 참여하면서 동시에 예수를 진정으로 따를 수는 없다. 참된 제자가 되려면, 심지어 아버지의 장례마저 다른 사람들에게 맡기고 주님을 따를 용기가 있어야 한다.

(4) 자연과 영적 세계를 통제하시다(8:23-34)

이 본문에서는 예수께서 풍랑을 만난 제자들을 구하기 위해 바람과 바다를 꾸짖어 잔잔하게 하신 기적 이야기를 전해 준다. 마태복음은 이러한 기적 사건을 들려줌으로써 예수의 제자들도 얼마든지 죽음이라는 위기를 만날 수 있다는 것과, 예수께서 제자들의 위기를 방관하지 않으시고 반드시 제자들을 지키고 보호해 주신다는 점을 강조한다. 예수의 제자 된 삶이란 예수가 위기를 해결해 주시는 분임을 알고 위기 가운데에서 그분을 전적으로 신뢰하는 것이다.

제자들 대부분의 생활의 근거지였던 갈릴리 바다는 실제로는 바다가 아니고 길이가 21km, 폭이 11km 정도 되는 큰 호수다. 이 호수는 지중해 해면보다 211m 아래에 위치해 있어서 자주 돌풍이 일어났다. 어느 날 제자들이 이 익숙한 갈릴리 호수를 배를 타고 건너간다. 그런데 큰 풍랑이 일어나 배가 뒤집힐 위기에 처한다. 제자들은 배에서 주무시던 예수를 깨워서 도움을 청한다. 예수께서는 제자들의 믿음이 작음을 책망하신 후 바람과 바다를 꾸짖어 바다를 잔잔하게 하신다. 그렇게 하심으로 인간의 질병뿐 아니라, 자연까지도 통제할 수 있는 권세를 가지셨음을 나타내신다.

온갖 핍박과 어려움을 겪고 있는 초창기 기독교 신자들에게 이 이야기는 큰 위로와 용기를 주었을 것이다. 그들은 제자의 삶이 늘 순탄한 것만은 아니고, 때로는 거친 풍랑을 만나 생명의 위협을 당할 수도 있지만, 그 어떤 어려움을 만난다 하더라도 예수께서는 제자들을 외면하거나 내버려두지 않으며, 적극적으로 모든 어려움을 해결해 주시는 분임을 깨달았을 것이다. 우리 크리스천들이 이 세상을 담대히 살아갈 수 있는 근거가 바로 여기에 있다. "세상에서는 너희가 환난을 당하나 담대하라 내가 세상을 이기었노라"(요 16:33). 거듭 말하지만 참된 믿음이란 예수가 어떤 분인지 알고 그분을 전적으로 신뢰하는 것이다. 단순히 하나님의 아들, 메시아, 구원자라고 고백하는 것만으로는 충분하지 않다. 그분에게 내 모든 문제를 맡기고 전적으로 신뢰해야 한다.

마태복음 저자는 예수께서 풍랑을 잔잔하게 하신 사건을 통해 예수가 자연 세계까지 통제하시는 분임을 강조한다. 그리고 바로 이어 귀신 들린 자를 고치시는 사건을 소개하여 예수께서 영적인 세계까지 다스리는 권세를 가지셨음을 알린다. 복음서에는 사탄과 마귀와 귀신 이야기가 여러 번 등장한다. 사탄과 마귀는 거의 동의어로 사용되고, 귀신은 마귀의 지시를 따르는 영적 존재다. 예수께서 이 세상에 오신 목적은 죄와 죽음을 가져온 마귀의 세력을 멸하시기 위해서다. 마귀는 예수의 사역을 방해하고 훼방한다. 때로는 예수 앞에 직접 나타나기도 하지만 때로는 사람을 통해 역사한다. 마귀와 예수의 영적 싸움은 십자가 사건에서 그 절정을 이룬다.

귀신 들린 자는 자신의 의지를 잃어버린 채 귀신의 통제를 받는다. 귀신이 그 사람 안에 들어가 그를 지배한다. 그는 귀신의 통제 아래에 있기 때문에 사람들이 못 보는 영적 존재를 볼 수 있다. 본문에 나오는 귀신 들린 자들은 예수를 만나자마자 그분이 하나님의 아들이심을 알고 두려워한다. 그들의 몸에 있던 귀신들은 예수께서 자신들을 쫓아내실 것을 알고 있었다. 그래서 돼지 떼에 들여보내 달라고 요청한다. 예수께서 이를 허락하시자 귀신들이 돼지 떼로 들어가고 귀신 들렸던 두 사람이 정상으로 돌아온다.

일반적으로 예수께서 어떤 지방에 가셔서 사람들의 질병을 고쳐 주면 더 많은 사람이 예수를 찾아와서 자신들도 고쳐 달라고 간청했다. 그런데 귀신 들린 두 사람을 깨끗하게 하신 지역에서는 전혀 다른 반응을 보인다. 이방인들이 살던 그 가다라 지방에서는 오히려 예수께 다른 곳으로 떠나 달라고 간구한다. 아마도 그들은 귀신 들렸다가 회복된 두 사람의 가치보다 귀신 들려 몰살된 돼지 떼를 더 소중하게 여겼던 것 같다. 그들은 예수가 누구인지 알지 못했다. 오늘날에도 재물과 권세에 대한 욕심에 눈이 멀어 예수를 알아보지 못하고 외면하는 자들이 많다.

(5) 중풍병자를 고치시다(9:1–8)

예수께서 중풍병자를 고쳐 주신 사건으로 9장이 시작된다. 이 이야기에는 두 가지 특이한 점이 있다. 첫째, 예수께서 병자를 데리고 온 사람들의 믿음을 보시고 중풍병자를 치유해 주셨다는 점이다. 둘째, 중풍병자의 죄를 먼저 사해 주신 다음 육체의 병을 고쳐 주셨다는 점이다. 이 치유 사건은 모든 치유에 믿음이 선결 조건으로 반드시 요구되지는 않더라도 여전히 중요한 역할을 한다는 점을 강조한다. 중풍병자를 예수께 데리고 온 사람들의 믿음이 구체적으로 기술되지는 않았지만 아마도 그들은 중풍병자의 고통을 자신의 일처럼 가슴 아프게 여겼을 것이고, 예수께서 반드시 중풍병자를 낫게 해 주시리라는 확신이 있었을 것이다. 예수께서는 그들의 이러한 믿음에 응답하신다.

왜 예수께서는 중풍병자를 치유하기 전에 먼저 죄 사함을 선언하셨을까? 예수는 자기 백성을 죄에서 구원하실 분이다(1:21). 예수는 모든 질병이 근본적으로 죄와 관련이 있다고 보신 것 같다. 그래서 육체의 질병 치유뿐 아니라 영적인 치유를 포함한 전인적(全人的)인 치유를 베푸신 것이다. 죄 사함이 없이는 전인적인 치유가 불가능하기 때문에 먼저 중풍병자의 죄를 용서하신 후 병을 단번에 고쳐 주신다. 하지만 공개적인 죄 사함 선언으로 인해 서기관들은 예수가 신성을 모독했다고 여긴다. 예수 자신을 하나님의 위치에 두는 불경한 행동이라고 생각한 것이다. 그러나 예수께서는 자신이 죄를 사하는 권세를 가진 인자(人子)임을 부인하지 않으신다. 자신이 다니엘 선지자가 예언한, 모든 나라를 통치할 영원한 권세를 가진 그 인자(단 7:13-14)임을 알리신 것이다. 이로써 자신이 누구인지, 사역의 근본 목적이 무엇인지 드러내신다. 예수는 이스라엘을 로마 제국으로부터 해방시키는 정치적 메시아가 아니라, 이스라엘을 포함한 인류 전체의 궁극적인 문제인 죄의 문제를 해결하러 오신 구원자이시다. 죄 사함이 없이는 진정한 자유와 해방이 있을 수 없다.

(6) 세리 마태를 부르시다(9:9–13)

예수께서는 가난하고 멸시와 소외당하는 병자들, 장애자들, 세리들, 창녀들, 목동들에게 관심이 많으시다. 이들을 찾아가서 음식을 함께 먹고 복음을 전하고 이들의 죄를 용서해 주고 친구가 되어 주신다. 이를 못마땅하게 생각한 종교 지도자들이 예수를 가리켜 "세리와 죄인들의 친구다"라고 비난한다. 예수께서는 비난에 상관없이 이 일을 계속하신다. 인종과 성별과 신분의 차별이 없는 새로운 시대, 하나님의 나라가 예수를 통해 이미 이 땅에서 시작되었기 때문이다. 종교 지도자들은 예수의 사역이 바로 하나님의 나라가 임했다는 표현임을 알지 못했기에 세리와 죄인들을 가까이한 예수를 비난한다.

세리는 로마 정부의 하급 관리로서 유대 동족에게 세금을 걷어 로마에 바치는 업무를 했는데 그중 일부를 공공연하게 착복하기도 했다. 그래서 세리들은 유대인들에게 죄인으로 간주되어 멸시와 천대를 받았다. 본문에서 예수를 만났던 세리 마태도 부유하게 살았지만 유대인들에게 따돌림을 당하는 자였다. 복음서에는 세리장 삭개오와 예수의 제자가 된 세리 마태가 특별히 소개된다. 키가 작았던 삭개오는 예수를 만나 구원받고, 예수를 자기 집에 모시는 축복을 누린다(눅 19:1-10). 마태는 세관 업무를 보고 있다가 예수께 "나를 따르라"라는 제자의 소명을 받고 즉시 예수의 제자가 된다. 그리고 자신의 집에 예수와 제자들, 많은 세리와 죄인들을 초청하여 식사를 베푼다.

바리새인들이 예수의 행위를 비난한다. 예수께서 이를 들으시고, 자신이 이 세상에 온 목적은, 스스로 의인이라 자처하는 그들이 아니라, 바로 죄인들이라고 비난받고 있는 이들을 부르러 오셨다고 대답하신다. 그리고 하나님께서 진정으로 원하시는 것은 제사보다 오히려 남을 불쌍히 여기는 긍휼임을 강조하신다. 스스로 의인인 척하는 바리새인들은 실상 하나님의 구원을 받아들일 준비가 되어 있지 않은, 영적으로 더 소망이 없는 자들이었다.

(7) 금식 논쟁(9:14-17)

유대인들은 구약성경이 가르치는 신앙 본연의 모습을 계승하지 않았고 형식주의와 외식주의에 빠져 있었다. 그중 하나가 금식이다.

구약성경에서는 하나님께서 외형적인 금식 행위보다는 마음에서 우러나오는 진정한 회개와 이웃에 대한 진정한 사랑을 더 기뻐하신다고 밝힌다(참조. 사 58장). 그러나 유대인들은 금식을 일종의 경건한 신앙심의 표현으로 간주하여, 일주일에 두 번, 월요일과 목요일에 금식하는 것을 권장했다. 예수께서도 금식 자체를 거부하지는 않으신다. 예수는 공적 사역을 시작하기 직전 광야에서 40일간 금식하며 기도하셨다. 그러나 복음서에는 3년간의 공적 사역 기간 동안 예수께서 금식을 하셨거나 제자들에게 금식하라고 강권하셨다는 기록이 없다. 아마도 잘못된 관행에 동조하지 않으신 것 같다.

세례 요한의 제자들이 예수께 찾아와서 "우리와 바리새인들은 금식하는데 어찌하여 당신의 제자들은 금식하지 아니하나이까?"(9:14) 하며 따지듯이 묻는다. 예수는 그들에게 "혼인집 손님들이 신랑과 함께 있을 동안에 슬퍼할 수 있느냐"(9:15)라고 대답하신다. 자신이 메시아 시대를 여는 신랑으로 오셨고, 그의 제자들은 자신과 새로운 메시아 시대의 축복을 누리는 자들이므로 당대의 잘못된 금식 관행에 매일 필요가 없다는 것이다. 오히려 "새 포도주는 새 부대에 넣어야 둘이 다 보전되느니라"라고 하시며, 새로운 시대에는 유대 종교의 낡고 형식적인 관행이 아닌 새로운 형태의 신앙과 삶이 요구된다는 사실을 강조하신다.

"새 포도주와 새 부대"가 암시하듯이 예수를 통하여 새 시대가 도래했다. 그러므로 새 시대에 적합한 새 제도와 관습이 만들어지고 적용되어야 한다. 낡은 제도와 관습을 그대로 유지하려는 것은 새 시대와도 맞지 않을뿐더러 새 시대를 여신 예수를 모독하는 것이다.

예수 앞에 나아갈 때는 옛 시대의 유산과 관습들을 과감하게 버려야 한다.

(8) 계속되는 여러 치유 사역(9:18-38)

미태복음의 시작(1-4장)과 마지막(26-28장)을 제외한 가운데 부분(5-25장)에는 예수의 말씀 사역(설교) 다섯 개와 행위 사역 다섯 개가 "말씀 → 행위 → 말씀 → 행위"의 순서대로 소개된다. 그 첫 번째 말씀 사역이 5-7장에 나오는 산상 설교이고, 첫 번째 행위 사역이 8-9장에 소개된 치유 사역이다. 이 두 사역을 통해서 마태복음은 예수가 하나님의 아들로서 자기 백성을 죄와 어둠과 사망의 권세에서 구원하시는 구원자요, 백성에게 하나님의 백성으로서 어떻게 살아가야 할지를 가르치시는 위대한 선생이요, 그리고 그들을 끝까지 지키고 돌보고 인도하시는 위대한 목자이며 메시아라는 점을 강조한다.

9:18-26에서는 예수께서 두 여자를 고치신 사건을 소개한다. 한 명은 12년 동안 혈루증을 앓고 있는 여자이고, 다른 한 명은 회당장 야이로의 열두 살 된 딸이다(막 5:21-43). 이 두 치유 사역에는, 치유받은 당사자가 여자이고, 둘 다 12년이라는 기간과 관련이 있다는 공통점이 있다. 그리고 본인이나 가족의 믿음이 치유에 결정적인 역할을 했다는 점도 같다. 12년간 혈루증을 앓으면서 재산을 다 날리고, 불결하다고 간주되어 사회로부터 격리되어 왔던 이 불쌍한 여자는, 예수의 겉옷만 만져도 자신의 병이 나으리라는 믿음이 있다. 이 여자는 예수께 육신의 질병은 물론 영적으로도 치유받는 축복을 누

리게 된다. 회당장 야이로의 딸은, 예수의 손만 얹어도 딸이 살아날 것이라는 아버지의 믿음 덕분에, 극적으로 살아나는 놀라운 이적의 주인공이 된다.

복음서에서는 모든 치유 사역에 항상 당사자의 믿음이 요구되었다고 말하지는 않지만, 많은 경우에 믿음이 치유의 은총을 입게 된 결정적인 근거가 되었음을 강조한다. 이 믿음은 바로 예수야말로 자신의 질병을 치유해 주실 분이며, 그분을 찾아가면 반드시 병이 나으리라는, 예수의 인격과 능력에 대한 절대적인 신뢰다. 질병과 죽음은 현대에도 인간에게 공포를 가져다주는 최대의 적이다. 아무리 과학이 발달하고 의학 기술이 발전했어도 여전히 우리는 질병과 죽음을 두려워한다. 두 여자의 치유 이야기에서는 오직 예수 그리스도만이 우리를 구원하실 수 있음을 강조한다. 그러나 조건이 있다. 그분을 절대적으로 신뢰하는 믿음을 가진 자만이 질병과 사망의 권세로부터 해방될 수 있다.

그다음 9:27-38에서는 예수께서 두 시각 장애인과 두 언어 장애인을 고치신다. 예수께서는 특별히 맹인들과 말 못하고 못 보는 장애인들을 많이 고쳐 주신다. 왜 그들에게 더 관심을 두셨을까? 세례 요한이 옥중에서 제자들을 예수께 보내어 "오실 그이가 당신이오니이까? 우리가 다른 이를 기다리오리이까?"(11:3)라고 여쭈게 보게 한 적이 있다. 예수께서는 "내가 바로 그 메시아다"라고 직접적으로 말씀하지 않으시고, 자신의 사역을 통하여 자신이 메시아임을 알리는 간접적인 방법을 선택하신다. "맹인이 보며, 못 걷는 사람이 걸으며, 나병환자가 깨끗함을 받으며, 못 듣는 자가 들으며, 죽은 자가 살아나며, 가난한 자에게 복음이 전파된다"(11:5). 즉 시각 장애인과 언어 장애인을 고쳐 주신 사역은 예수 자신이 메시아 됨을 알려 주시는 사건이다. 이 자기 알림을 보고 들은 사람들은 스스로의 신앙에 따라 예수를 평가한다. 치유의 수혜자인 맹인처럼, 예수를 메시아로, 주님으로 고백하고 이를 알리는 사람이 있는가 하면, 바리새인처럼 예수가 귀신의 왕을 의지하여 치유 사역을 했다고 여기고 예수의 메시아 됨을 부인하는 사람도 있다.

치유 사역을 통한 예수의 자기 알림은 목자 없이 방황하는 양과 같은 처지에 있는 인류에 대한 하나님의 사랑의 표현이시다(9:36). 자신의 형상대로 인류를 창조하신 하나님께서는 인간이 범죄하여 하나님을 떠나 죄와 질병과 죽음의 고통에 빠져 있을 때에도 인간을 외면하지 않으시고, 끝까지 사랑하시되 자신의 백성으로 회복시키기를 원하신다. 예수는 이 하나님의 사랑을 구체적으로 실현하기 위해 세상에 오셨다. 가르침, 설교, 치유 사역을 통하여 이 사랑을 구체적으로 보여 주셨으며, 십자가에서 죽으심으로써 이 사랑을 완성하셨다. 예수의 사역은 전 인류에 대한 하나님의 위대한 사랑의 표현이시기 때문에 시대와 장소를 초월하여 모든 나라, 모든 백성에게 계속적으로 전파되고, 전달되어야 한다. 그래서 전 인류가 하나님의 사랑을 알고 누릴 수 있어야 한다. 하나님의 사랑이 온전히 구현될 때 거기에서 하나님의 나라가 실현된다. 이 일을 위해 각 시대마다 예수의 제자가 되어 작은 예수의 역할을 감당할 이들이 필요하다. 하나님의 사랑을 입은 자는 그 사랑을 나누어 줄 의무가 있다. 바로 우리가 하나님이 기다리시는 작은 예수, 사랑의 일꾼이다.

3. 제자 파송 설교(10:1-11:1)

10장에는 예수의 두 번째 설교인, 자신의 사역을 계승할 제자들을 파송하면서 들려주시는 설교가 기록되어 있다. 예수께서 이스라엘 민족을 형성한 열두 지파를 상징하는 열두 제자를 선택하신다. 곧 베드로, 안드레, 야고보, 요한, 빌립, 바돌로매, 도마, 세리 마태, 알패오의 아들 야고보, 다대오, 가나나인 시몬 및 가룟 유다다. 그렇게 함으로써, 열두 제자를 중심으로 하나님의 새로운 백성, 새 이스라엘 민족을 형성할 것을 암시하신다. 열두 제자의 사명과 역할이 막중한 만큼 예수께서는 제자들을 선택하고, 가르치고, 훈련시키는 것을 매우 중요하게 생각하신다. 밤이 새도록 하나님께 기도하신 후 열두 제자를 선택하셨고(참조. 눅 6:12-13), 그들과 3년간 침식하면서 자신의 사역을 친히 보게 하셨으며, 그들을 직접 가르치고 훈련시키고, 그들에게 자신의 사역을 계승할 수 있는 능력을 부여하시고, 특별한 선교 지침도 주셨다. 그 지침이 10장 본문으로, 선교 지역과 대상, 선교할 내용과 선교자의 자세에 대한 지침이다.

먼저 첫 번째 지침인 선교 대상과 선교 내용을 살펴보면(10:5-15), 예수께서는 부활 이후에는 선교 지역과 대상을 이스라엘을 뛰어넘어 사마리아와 온 세상의 모든 백성에게까지 확대하셨지만(28:18-20; 행 1:8), 제자들을 훈련하는 기간에는 이방인 지역이나 사마리아 지역으로 가는 것을 금하시고 이스라엘 땅과 이스라엘 민족에게만 가라고 제한하신다. 즉 이스라엘을 회복하는 통로가 먼저 되게 하신다. 회복된 이스라엘이 이방 민족을 회복하게 하는 축복의 통로가 되기 때문이다. 선교의 내용과 자세에 있어서는, 예수와 동일하게 천국의 도래를 선포하고, 치유 사역을 하고, 귀신을 쫓아내되 값없이 거저 주라고 당부하신다. 그들도 예수께 거저 받았기 때문이다. 예수의 이 가르침은 선교의 사명을 받은 모든 시대의 크리스천들에게도 중요한 지침이다. 선교는 우선적으로 예수의 사역을 계승하는 것이다. 그러므로 우리도 예수께서 전하신 내용을 그대로 전하고 예수께서 취하신 선교 자세를 그대로 본받아야 한다. 먼저 나와 가까이 지내는 사람들에게 복음을 전하되, 항상 조건 없이 값없이 전해주어야 한다. 그리고 우리가 선교의 주인공이 아니라 우리를 세상으로 파송하시는 예수가 주인공이라는 점을 잊지 말아야 한다.

오늘날 교회에서 선교를 이야기할 때 제일 먼저 거론되는 것이 돈 문제다. 선교사를 파송하는 교회나 단체도, 선교사로 파송받는 사람도 돈을 매우 중요하게 생각한다. 예수께서는 선교 비용이 있어야 한다는 점을 부정하지는 않으신다. 예수의 강조점은 선교할 때 필요한 것은 최소한의 비용이지 여분의 돈이 아니라는 점에 있다. 선교는 근본적으로 예수께서 주시는 능력으로 하는 것이다. 넘치는 재정은 선교의 주인공이신 예수보다도 돈을 더 의지하게 할 수도 있다. 예수께서 선교를 떠나는 제자들에게 별도의 배낭이나 여분의 옷이나 신이나 지팡이를 가져가지 말라고 당부하신 이유도 여기에 있다. 최소한의 비용만을 가지고 선교 현장에 가더라도 예수께서 그때그때 필요를 채워 주실 것이라는 약속이 이 당부에 담겨 있다.

파송받은 제자들은 예수의 대리자이므로 예수께서 자신과 함께하실 것이라는 믿음과 확신을 가지고 담대히 복음을 전파해야 한다.

제자들을 영접하는 자의 집에는 평안의 축복이 임하겠지만, 영접하지 않는 자의 집에는 무서운 심판이 임할 것이다. 선교의 승패는 얼마나 많은 선교 기금을 확보하느냐에 달려 있는 것이 아니라, 얼마나 확고한 선교 사명과 예수께 대한 확고한 믿음과 확신을 가지고 있느냐에 달려 있다. 선교사를 선발하고 관리할 때도 학벌이나 선교 기금을 볼 것이 아니라 복음 전파자로서의 소명과 예수를 향한 믿음과 헌신의 자세를 얼마나 구비하고 있는지를 보아야 한다. 자격을 갖추지 못한 선교사가 파송되어, 현지인들에게 복음을 전하기는커녕 복음을 가리고 하나님의 사역을 훼방하는 일들이 실제로 일어나고 있다.

두 번째 지침(10:16-39)은 선교의 자세에 관한 것인데, 선교의 길은 세상적인 부와 권세와 명성을 누리는 영광의 길이 아니라, 때때로 고난과 핍박과 배신을 당하는 십자가의 길이라는 점이다. 같은 유대인들에게 고발을 당해 유대교 회당에서 채찍질을 당할 수도 있고, 유대 정치 권력자들이나 로마 제국의 통치자들 앞에 끌려갈 수도 있고, 심지어 형제나 부모, 자식들에게 배신을 당할 수도 있다. 제자들은 예수께서 선교하시는 현장에 같이 있었기 때문에 그 길이 쉬운 길이 아니라는 사실을 이미 알고 있었을 것이다.

선교가 궁극적으로 "하나님의 사역"이라면, 왜 선교할 때 고난을 받아야 하는가? 실제로 기독교 선교의 역사를 살펴보면 선교는 고난의 역사요, 피의 역사요, 순교의 역사라고 말할 수 있다. 예수와 제자들과 초대 교회 신자들, 폴리카르포스를 포함한 교부들, 한국 땅에 복음을 처음 전달한 선교사들, 일제 강점기와 공산 치하에서도 믿음을 버리지 않았던 우리의 신앙의 선배들의 생애가 그러했다. 왜 예수께서는 고난을 당하시고 십자가 위에서 죽으셔야 했을까? 왜 그분을 따르는 자들이 선교 현장과 일상생활 속에서 예수처럼 고난의 길을 걸어야 할까? 성경에서 찾을 수 있는 답은, 사도 바울이 고린도전서 1장에서 밝히고 있듯이, 십자가의 길이 하나님의 지혜요, 하나님의 방법이라는 것이다. 하나님께서는 예수의 십자가 사역을 통하여 구원의 역사를 이루셨다. 그리고 제자들이 인종과 지역과 종교와 성별의 갈등과 계층의 간격을 뛰어넘어 구원의 역사를 전파하기를 기뻐하신다. 그러므로 선교 사역에 참여하는 자는 고난을 당할 때마다, 임마누엘의 약속을 지키시는 하나님께서 자기와 함께하시며, 고난을 잘 극복하고 승리하게 하시리라는 확신을 가져야 한다. 예수께서는 보혜사 성령을 통하여 찾아오셔서 고난당하는 이들과 이미 지금 여기서 함께하신다.

지나간 기독교 역사를 살펴보면 놀라운 사실을 발견할 수 있다. 기독교 교회가 박해를 받으면서 더 다듬어지고 더 성장해 왔다는 점이다. 박해가 없던 때는 교회가 세상에서 위축되거나 세상에 깊이 동화되어 간 반면에, 박해 기간 동안에는 오히려 교회가 세상에서 더 빛을 발하고, 교회 본연의 모습을 더 드러냈다. 신자도 마찬가지다. 박해를 받을 때 비로소 진실한 신앙을 가지고 있는지의 여부가 드러난다. 어떤 신자는 박해를 받을수록 신앙이 더 깊어져서 주님에게 더 가까이 나아가지만, 어떤 신자는 박해가 두려워서 신앙을 포기하거나 배교의 자리로까지 떨어진다.

마태복음이 기록될 무렵 복음서의 첫 독자인 유대인 크리스천들은 두 가지 외부 세력으로부터 신앙의 위협을 받았다. 하나는 같은 동족인 유대교 신자들로부터의 위협이고, 또 하나는 로마 제국으로부터의 위협이다. 사도행전에 나오듯이, 유대인들은 초창기 유대인 크리스천들을 이단의 무리로 간주하여 극렬하게 핍박했고, 때로는 로마 제국에 반역하는 무리로 밀고하여 핍박을 받도록 유도했다. 로마 제국 당국자들은 기독교 신자들을 황제 숭배를 반대하는 자로 간주하여 황제의 이름으로 핍박했다.

예수께서는 고난과 박해를 받는 신자들을 향해, 하나님께서 반드시 함께하시고 보호해 주실 것이므로 어떠한 상황을 만나더라도 두려워하지 말고 불신앙의 자리로 떨어지지 말라고 격려하신다. 그리고 박해를 견디지 못해 사람들 앞에서 신앙을 포기하거나 배교하면 예수 자신도 하나님 앞에서 그를 제자라고 변호하지 않겠다고 경고하신다. 현대 신자들은 특수한 상황을 제외하고는, 1세기 신자들처럼 정치적·종교적으로 박해를 당하지는 않는다. 대신 다른 형태의 세력들에게 신앙의 위협을 받는다. 물질과 권력, 스포츠와 게임 등이 우리의 신앙을 위협한다. 1세기에 기독교를 박해했던 세력들 배후에 사탄이 자리 잡고 있었던 것처럼, 오늘날에도 그 사탄의 세력이 여전히 활동 중이다. 우리는 이들에게 공격받을 때마다 예수의 격려와 경고를 기억하면서 신앙의 순수성을 굳게 지켜 나가야 한다.

"내가 세상에 화평을 주러 온 줄로 생각하지 말라. 화평이 아니요 검을 주러 왔노라. 내가 온 것은 사람이 그 아버지와, 딸이 어머니와, 며느리가 시어머니와 불화하게 하려 함이니"(10:34-35)라는 예수의 말씀은 이해하기가 힘들다. 마치 혁명가나 테러리스트가 한 말

같다. 어떤 이들은 이 본문이 예수가 유대 나라를 로마의 통치에서 해방시키려고 했던 혁명가였음을 보여 주는 결정적인 근거라고 주장한다. 과연 예수는 검으로 문제를 해결하시려는 혁명가였는가? 예수를 일종의 정치 혁명가로 보는 것은 복음서에 나오는 예수의 언행과 맞지 않다. 산상 설교에서 예수께서는 자신의 제자들을 가리켜, "화평하게 하는 자"라고 하시며, "너희 원수를 사랑하며 너희를 박해하는 자를 위하여 기도하라"라고 말씀하신다. 예수께서는 하나님의 사랑과 평화와 용서를 주기 위해 이 세상에 오셨다. 그렇지만 죄와 어둠과 불의와 사탄의 세력과는 여하한 타협도 하지 않으신다. 빛은 어둠과 타협할 수 없고, 진리는 거짓과 타협할 수 없으며, 하나님은 죄와 사탄의 세력과 결코 타협하실 수 없다. 따라서 전자와 후자 사이에는 불가피하게 영적 투쟁이 일어날 수밖에 없다. 예수의 말씀은 하나님을 사랑하는 자, 예수를 따르는 자는 동료나 친구, 이웃이나 심지어 가족일지라도, 그들이 어둠과 거짓과 사탄의 세력에 동조한다면, 그들과 영적 전쟁을 하는 십자가를 질 수밖에 없다는 사실을 가르쳐 준다.

예수께서 선교에 대한 10장의 긴 교훈을 일종의 격려의 말씀으로 마치신다(10:40-42). 예수의 대리자인 제자들이 선교 현장에서 여러 가지 환난과 도전과 배척을 받는다 하더라도, 그들을 영접하는 자들이 있을 것이다. 예수께서는 제자들을 영접하는 자들에게 반드시 상을 줄 것이라고 약속하신다. 선교 현장으로 떠나는 선교사나 그를 보내는 단체나 개인이 소망을 가질 수 있는 이유가 바로 여기에 있다. 시대와 장소를 초월하여, 아무리 이 세상이 악하고, 아무리 이 세상에 불의한 자들이 많다고 하더라도, 이 세상에는 하나님이 택하신 백성이 있고, 거짓보다 진리 편에, 어둠보다 빛에 속한 자들이 더 많다. 그래서 언어와 환경과 정치, 종교, 문화의 조건이 너무나 다른 이질적인 곳에 파송된 선교사를 통해서 복음이 전파되고, 선교 열매가 맺어지고, 교회가 세워진다. 지금도 수많은 선교사가 시련과 박해와 죽음의 위협 가운데서도 좌절하지 않는 까닭은 하나님께서 그들을 영접할 자들을 그곳에 미리 준비해 두셨음을 믿기 때문이다.

III. 도전과 대응: 배척당하신 예수의 반응
(11:2-23:39)

1. 세례 요한과 예수(11:2-19)
2. 두 반응: 배척과 수용(11:20-30)
3. 배척당하시다(12:1-50)
4. 예수의 대응: 천국 비유 설교(13:1-58)
5. 심화되는 도전과 대응(14:1-20:34)
6. 지도자들을 향한 심판 선언(21:1-23:39)

III

도전과 대응

배척당하신 예수의 반응

11:2–23:39

드라마의 기승전결 구조에서 세 번째 단계인 "전"(轉)에서는 주인공에게 적극적으로 도전하는 자들이 등장해서 갈등 상황을 만든다. 주인공은 좌절하거나 도망치지 않고, 자신의 일을 계속하면서 도전에 대하여 적극적으로 반응하고 대응한다. 마태가 쓴 드라마의 세 번째 단계에서 예수 역시 자신의 메시아 사역에 적극적으로 도전하는 자들, 곧 정치·종교 지도자들의 비판과 도전에 직면하신다. 예수께서는 마치 길가나 돌밭이나 가시덤불에 씨가 떨어져 결실을 거두지 못함에도 불구하고 옥토의 수확을 내다보면서 씨 뿌리는 일을 계속하는 농부처럼, 사역을 계속하신다. 예수의 적대자들은 날이 갈수록 더 적극적으로 예수의 사역에 사사건건 간섭하고 도전한다. 마침내 예수께서 그들에게 임할 화와 심판을 선언하신다.

"전" 단계인 11-23장은 마태복음의 중심부에 해당한다. 11-25장에는 예수의 세 번째 설교인 천국 비유 설교(13장), 네 번째인 교회 생활에 대한 설교(18장), 그리고 다섯 번째인 종말 설교(24-25장)가 기록되어 있다. 이 세 설교 앞에 각각 예수의 사역이 소개된다. 먼저 천국 비유 설교 앞인 11-12장에는 세례 요한, 고라신과 벳세다와 가버나움 지역, 바리새인, 서기관, 예수의 친인척들이 예수의 사역에 대해 부정적인 반응을 보인 것과 이에 대한 예수의 반응이 실려 있다. 그다음 교회 생활에 대한 설교 앞에 나오는 14-17장에서는 세례 요한의 죽음, 오병이어 기적, 물위로 걸으심, 바리새인과 서기관들과 사두개인들의 도전과 그에 대한 예수의 대응, 가나안 여자의 믿음을 칭찬하심, 사천 명을 먹이신 기적, 베드로의 신앙 고백, 예수의 죽음과 부활 예고, 예수의 영광스러운 변형, 귀신 들린 아이를 치유하심, 성전세를 내시는 이야기가 소개된다. 예수의 말씀과 기적을 보고 듣는 청중은 둘로 나뉘는데, 예수의 사역에 우호적인 "너희"와 적대적인 "그들"이다. 사역이 진행될수록 "그들"은 예수께서 비판하시는 대상이 되고, "너희"는 믿음을 일깨워 주고 끝까지 돌보아 주시는 대상이 된다.

종말 설교 앞에 나오는 19-23장을 보면 예수의 적대자들이 사악한 정체성을 점점 더 드러낸다. 그들은 이혼 문제, 성전 청결에 대한 권위 문제, 세금 문제, 부활 문제, 가장 큰 계명 문제 등을 거론하며 예수께 도전하고, 마침내 예수를 죽이려고 모의까지 한다. 이와는 대조적으로, 예수께서는 한편으로는 제자의 조건 제시, 포도원 품꾼 비유, 죽음과 부활에 대한 계속적인 예고, 예루살렘 입성을 통해 제자들을 훈련시키시고 그들의 믿음을 굳건하게 함으로써 다가오는 위기 상황에 대처하도록 하신다. 다른 한편으로는 성전 청결 사건, 무화과나무 저주, 악한 포도원 농부들 비유, 혼인 잔치 비유, 바리새인들과 서기관들을 꾸짖으심을 통해 적대자들에게 무서운 심판을 예고하신다.

마태복음 저자는 예수께서 받으셨던 도전과 그에 대한 예수의 반응을 소개하고, "너희"와 "그들"의 이야기를 생생히 들려줌으로써 독자들이 스스로의 상황을 되돌아보게 한다. 그리고 일차 독자들이 직면한 도전이 무엇인지, 그리고 그 도전을 어떠한 자세로 이겨 내야 할지 승리의 비결을 알려 준다.

1. 세례 요한과 예수(11:2–19)

세례 요한은 제사장 사가랴의 가문에서 예수보다 6개월 먼저 출생했으며, 이스라엘 백성에게 메시아의 오심을 미리 알리고 준비하게 하는 선구자의 사명을 받았다. 그는 요단강 근처에서, 메시아와 새 시대를 맞이하려면 회개하고 세례를 받아야 한다고 설교하면서, 그렇게 하지 않는 자들에게는 하나님의 무서운 심판이 임하리라고 경고한다. 많은 사람이 세례 요한을 선지자로 알고, 그에게 와서 세례를 받는다.

하지만 세례 요한은 헤롯 왕이 동생의 아내를 빼앗아 자신의 아내로 취한 사실을 공개적으로 비판했다가 감옥에 갇히고 만다. 감옥에서 그는 자신의 제자들을 예수께 보내어 이렇게 묻게 한다. "오실 그이가 당신이오니이까? 우리가 다른 이를 기다리오리이까?" 왜 이러한 질문을 했을까? 예수께서도 인정하시듯이, 세례 요한은 위대한 선지자다. 하지만 그는 메시아 이전 시대에 속한 자였다(11:11; 눅 16:16). 그가 생각하고 기대한 메시아는 불의를 몰아내고, 불의한 자에게 즉시 무서운 심판을 내리시는 능력을 가진 심판자로서의 메시아(3:1-12)였다. 아마도 그는 예수께서 헤롯을 징벌하고 감옥에 갇혀 있는 자신을 구해 줄 것이라고 기대했는지도 모른다. 어쨌든 그는 옛 시대에 속한 자로서, 예수께서 선포하시는 새로운 하나님 나라의 사역과 특징을 충분히 이해하지 못한 것 같다.

예수께서는 요한의 질문에 내가 바로 그 메시아라고 직접적으로 답변하지 않으신다. 그 대신 이사야 선지자가 예언한 야훼의 종으로서의 메시아 사역(사 61장)을 염두에 두시고, "너희가 가서 듣고 보는 것을 요한에게 알리되, 맹인이 보며, 못 걷는 사람이 걸으며, 나병 환자가 깨끗함을 받으며, 못 듣는 자가 들으며, 죽은 자가 살아나며, 가난한 자에게 복음이 전파된다 하라. 누구든지 나로 말미암아 실족하지 아니하는 자는 복이 있도다"(11:4-6)라고 대답하신다. 자신이 정치적·민족적인 해방자나 심판자로서의 메시아로 이 땅에 온 것이 아니라, 고난받는 메시아로 왔음을 천명하신 것이다. 세례 요한을 포함하여 유대인들이 예수의 진정한 메시아적 인격과 사역을 이해하지 못한 주된 이유는 성경적인 관점보다도 자신의 이해나 민족적인 관점과 기대감을 앞세웠기 때문이다. 오늘날에도 이처럼 예수를 오해하는 이들이 있다. 개인적인 이념이나 사상을 예수께 덧씌워서 예수를 자신의 이념과 사상의 대변자로 만들어 버린다. 일부 민중신학자나 해방신학자가 주장하는 예수의 모습이 그러하다. 그들은 성경이 가르치는 예수가 아니라 자신들의 이념이나 신학이 만들어 낸 예수를 내세운다. 그들은 진정한 예수도, 천국의 실제도 만날 수 없다.

예수께서 아이들의 놀이를 빗대어 유대인들의 반응을 설명하신다. 장례 놀이와 그 반응은 세례 요한의 사역에 대한 유대인들의 반응이고, 결혼식 놀이는 예수의 사역에 대한 반응이다. 그리고 고라신, 벳세다, 가버나움을 향한 심판 선언은 유대인들이 보인 반응에 대한 예수의 대응이시다.

메시아 사역의 선구자인 세례 요한은 요단강 주변에서 먹지도, 마시지도 않는 금욕 생활을 하면서 천국의 도래에 대한 준비와 회개를 촉구했지만, 유대인들은 세례 요한에게 "귀신이 들렸다"라고 비난하면서 그의 메시지를 받아들이지 않는다. 예수께서는 세례 요한과 달리 일상적인 식생활을 하면서 천국 복음을 전파하신다. 그러자 이번에는 "먹기를 탐하고, 포도주를 즐기는 사람이요, 세리와 죄인의 친구로다"라고 비난한다. 하나님의 사랑을 전하시려고 소외되고 천대받았던 세리와 죄인들을 만났고, 그들과 함께 식사를 했을 뿐인데 유대인들은 예수를 그렇게 비난하고 모함한다.

2. 두 반응: 배척과 수용(11:20-30)

세례 요한과 예수의 사역에 대하여 유대인들의 호응이 적었고, 때로는 적대적인 반응을 보였더라도, 사역을 통하여 나타난 하나님의 지혜가 무효화되지는 않는다. 고라신, 벳세다, 가버나움을 향한 심판 선언에 나오듯이, 예수의 은혜로운 사역에 대한 적대적인 반응이나 무반응은 결국 하나님의 공의로운 심판을 자초할 뿐이고, 세리와 죄인일지라도 예수를 메시아로 영접하는 자들은 하나님의 나라에 들어가게 될 것이다. 그래서 사도 바울은 십자가에 못 박힌 그리스도가 유대인에게는 거리끼는 것이요, 이방인에게는 미련한 것이로되, 부르심을 받은 자들에게는 하나님의 능력이요, 하나님의 지혜(고전 1:23-24)라고 선언한다.

사람의 방법과 하나님의 방법, 사람의 지혜와 하나님의 지혜, 사람의 뜻과 하나님의 뜻은 어떻게 서로 다른가? 예수는 아버지 하나님께서 스스로 지혜롭다, 슬기롭다고 생각하는 사람들에게는 아들을 통하여 나타나는 구원의 지혜를 감추시고, 반면에 어린아이들처럼 겸손하고 스스로 자신을 낮추는 자들에게는 지혜를 보이신다고 말씀하신다. 이 지혜를 못 보는 자들은 멸망과 심판을 받을 수밖에 없고, 어린아이와 같은 자들은 이 지혜를 얻어 구원의 자리로 들어간다.

예수를 받아들이지 않으면 하나님의 지혜를 발견할 수도, 깨달을 수도 없다. 오직 예수 그리스도만이 하나님이 사랑하시는 독생자이며, 하나님의 지혜와 뜻을 완전하게 계시하는 분이다. 그러므로 하나님을 알기 원한다면, 그분의 방법과 지혜와 뜻을 알기 원한다면, 하나님의 아들이신 예수 그리스도에게 겸손히 나아가야 한다. 하나님의 유일한 계시자이며, 하나님을 가장 잘 아시며, 하나님과 사람 사이의 유일한 중보자 되시는 예수 그리스도에게 나아가야 한다.

아우구스티누스는 우리 인간이 하나님 안에서만 진정한 안식과 평안을 누릴 수 있다고 고백한다. 이 말을 다른 말로 표현하면 인간은 하나님 안에서만 진정한 지혜를 발견할 수 있다는 뜻이다. 예수께서는 하나님 아버지의 유일한 계시자로서 "하나님의 지혜요"(고전 1:24), "[자기 안에] 지혜와 지식의 모든 보화가 감추어져"(골 2:3) 있기 때문에, "수고하고 무거운 짐 진 자들아 다 내게로 오라. 내가 너희를 쉬게 하리라"(11:23)라고 선언하신다. 예수는 단순히 지혜의 안내자나 구원의 길을 가르쳐 주는 선생이 아니라, 그 자신이 하나님의 지혜요, 하나님의 능력이요, 길과 진리와 생명이 되시기 때문에, 인류 중 그 누구도 감히 선언할 수 없었던 이와 같은 구원의 초청을 하실 수 있다. 유대 종교 지도자들은 그들도 감당할 수 없는 여러 가지의 짐, 이를테면 세세한 율법의 멍에들을 백성에게 지게 해서 백성을 힘들게 했다. 그러나 예수께서는 오직 자신에게 나아오라고, 자신을 믿기만 하라고 요구하신다. 그렇게만 하면 아버지 하나님께서 주시는 쉼을, 하나님의 사랑과 자비와 용서를 체험할 수 있다고 말씀하신다.

3. 배척당하시다(12:1–50)

예수께서 자신의 고향 땅인 갈릴리 지역에서 공적 사역을 시작하셔서 남쪽 지역인 유대 지역까지 오신다. 예수는 각 지역을 두루 다니면서 천국 복음을 가르치고, 하나님 나라의 도래를 전파하고, 병든 자들을 고치신다. 예수의 사역에 대해 사람들이 두 가지 반응을 보인다. 예수의 부름을 받은 제자들과 예수의 말씀을 듣고, 병 고침의 은혜를 입은 소수의 사람은 예수를 더욱더 신뢰한다. 반면에 정치·종교 지도자들인 바리새인, 사두개인, 제사장, 서기관과 이들을 따르는 많은 무리는 예수를 점점 더 시기하고 미워한다. 본문을 보면 예수의 제자들이 안식일에 밀 이삭을 잘라 먹은 것을 놓고, 안식일에 하지 못할 일을 했다며 바리새인들이 예수께 도전하는 내용이 나온다.

구약성경에서는 여행자가 남의 밭에서 손으로 곡식을 잘라 먹는 일을 허용한다(신 23:25). 바리새인들이 문제를 삼은 것은 안식일에 그렇게 했다는 것이다. 예수의 제자들은 여행 중이었고, 안식일에는 어느 곳에서도 음식을 사 먹을 수 없었기 때문에, 배가 고팠을 것이다. 바리새인들이 안식일에는 손으로 일을 해서는 안 된다는 규례를 근거로 삼아, 제자들이 안식일을 범하는 죄를 지었다고 예수께 도전한다. 예수는 오히려 바리새인들이 안식일의 참된 정신을 부정하고 있다고 지적하신다.

그리고 다윗 임금이 시장하여 성전에 들어가서 안식일을 위해 준비해 둔 떡을 병사들과 함께 나누어 먹었어도, 제사장들이 문제 삼지 않은 것을 실례로 들어, 자신의 제자들이 안식일을 범하는 죄를 짓지 않았다고 변호하신다. "내가(인자) 안식일 준수 여부를 결정할 수 있는 주인이다"라고 하시면서, 안식일의 참된 정신은 하나님께 경배하고, 하나님이 원하시는 자비를 행하는 데 있음을 강조하신다. 안식일의 주인이신 예수께서 보실 때 유대인들의 비판은 하나님을 경외하는 정신은 잃어버리고 단지 인간이 만든 법을 지키는 일에만 급급한 것이었다. 오늘날에도 마찬가지다. 어떤 이들은 안식일을 지키는 것을 신앙생활의 척도로 삼아서 자신들처럼 하지 않는 이들을 정죄하고 무시한다. 이는 안식일을 지키는 것보다 더 중요한 사랑과 자비의 실천을 놓치고 있을 뿐 아니라 형제자매를 무시하는 교만의 죄에 빠진 것이다.

바리새인들은 예수께서 안식일에 회당에서 손 마른 환자를 고쳐 주시려고 할 때도 안식일 규정을 어긴다며 예수를 비난한다. 예수께서는 양이 안식일에 구덩이에 빠졌으면 끌어내지 않느냐고 하시면서 짐승보다 더 소중한 사람의 생명을 살려 주는 선한 일을 왜 안식일에 할 수 없느냐고 되물으신다. 그리고 환자의 병을 고쳐 주신다. 이처럼 예수께서는 잘못된 안식일 규정을 바로잡아, 안식일에도 사람의 생명을 구하고 하나님의 사랑과 자비를 실천하는 선한 일들을 얼마든지 할 수 있다는 가능성을 열어 놓으신다. 예수 자신이 하나님의 대리자로서 안식일의 주인이시기 때문에, 안식일 규정 자체를 위한 안식일 준수를 하나님과 사람을 위하는 개념으로 바꾸신다. 이와 같은 자유로운 안식일 이해는 오늘날 주일 준수의 개념을 새롭게 생각하게 한다. 병자를 방문하고 구제하며 이웃을 돌보는 선한 일은 얼마든지 주일에도 할 수 있는 것이다.

바리새인들이 더욱 예수를 미워하여 예수를 죽이려고 모의를 시작한다. 그럼에도 불구하고 예수께서는 치유 사역과 하나님의 나라 전파 사역을 중단하지 않으신다. 예수는 하나님의 아들이자 야훼 하나님께서 기뻐하시는 종으로 부름을 받았기 때문에, 이사야 선지자가 예언한 대로(사 42:1-4), 묵묵하게 자신의 사역을 계속 수행하신다. 세례 요한과 유대인들이 기대하던 왕적인 권위를 발휘하는 즉각적인 심판자로서의 메시아가 아니라, 하나님이 택하신 종으로서 가난하고, 병들고, 약한 자들을 찾아가서 그들을 치료해 주고, 세워 주는 일을 계속하신 것이다. 하나님께서 예수를 통해서 이루시려는 구원 사역은, 예수가 선포하신 하나님의 나라는, 정치적·군사적·경제적인 힘이 아닌, 겸손과 비폭력, 순종과 사랑의 섬김으로 실현된다. 이것이 하나님의 방법이요, 하나님의 지혜다. 이와 같은 예수의 사역은 오늘날 교회와 신자들이 이 세상에서 어떻게 살아가야 할지 다시 한 번 일깨워 준다. 교회와 신자의 진정한 힘은 세상의 방법을 따를 때 나타나지 않고, 예수께서 보여 주신 겸손과 사랑과 자기희생을 통해 나타난다.

앞에서 살펴본 것처럼, 치유와 이적 사역의 근본적인 목적은 하나님 나라의 도래, 곧 죄와 어둠과 질병과 사탄의 지배 아래 있는 자들을 구원하여 하나님의 새로운 통치를 받게 하려는 데 있다. 예수께서 메시아 시대의 도래를 알리는 삼중적인 치유 사역을 하시자, 즉 귀신 들리고, 눈멀고, 말을 못하는 사람을 고치시자 무리는 예수가 "다윗의 자손", 곧 그 메시아가 아니냐고 하면서 놀라워한다. 그러나 사사건건 예수의 사역에 트집을 잡았던 바리새인들은, 이번에는 예수가 귀신의 왕 바알세불의 힘을 얻어 귀신을 쫓아냈다고 모함한다. 예수께서는 하나님의 성령의 힘으로 귀신을 쫓아냈으며 이것이 바로 하나님의 나라가 지금 이곳에 도래한 증거라고 강조하신다. 귀신의 지배를 받아 왔던 그 사람에게서 성령의 힘으로 귀신을 쫓아내고, 새로이 하나님의 지배를 받게 했으니, 하나님의 나라가 이곳에 임한 것이 아니냐고 하신 것이다.

유대인들은 하나님 나라의 실현이란 유대 나라가 로마 제국으로부터 정치적으로 해방되고, 경제적으로 번영하며, 성지를 회복하고, 예루살렘 성전을 재건축하는 것이라고 생각했다. 하지만 예수께서 선포하시는 하나님의 나라는 인간을 죄와 죽음과 질병의 근원인 사탄의 지배에서 구원하여 하나님의 지배를 받게 하는 데서 나타난다. 개인이든, 지역이든, 단체든, 이 세상에서 하나님의 구원의 통치가 나타나는 그곳에 이미 하나님의 나라가 임한 것이다. 하나님의 나라는 미래에만 들어갈 수 있는 곳이 아니라 현재 여기서도 체험할 수 있는 곳이다. 하나님 나라의 주인공이신 예수가 계시는 곳에, 예수를 통해 하나님의 사랑이 선포되고 죄 사함과 질병의 치유와 귀신을 쫓아내는 일이 일어나는 현장에 하나님의 나라가 이미 임했다. 물론 이는 미래에 임할, 예수의 재림 후에 나타날 하나님의 나라를 부정하는 것은 아니다. 죄와 죽음과 사탄의 세력들이 멸해지고 완전한 하나님의 나라가 임하는 것은 예수의 재림과 함께 올 최종 심판과 구원 이후다. 하지만 예수의 생애와 십자가 사건으로 심판과 구원이 이미 이루어졌기 때문에 예수를 통해 우리는 부분적으로 이 하나님의 나라에 참여하게 된다. 예수께서는 이 사실을 부정하여 성령을 모독하는 자는 용서받을 수 없다고 말씀하신다.

예수께서 성령의 사역을 모독하는 바리새인들에게 준엄한 심판을 선언하시자, 또 다른 무리의 바리새인과 서기관(율법사)이 예수께서 참으로 하나님의 보내심을 받은 사람이며, 하나님이 지금 예수와 함께하신다는 사실을 눈으로 확인할 수 있도록 표적을 구한다. 이와 같은 요청에 예수께서는 별도의 표적을 행하지 않으시고 이 악하고 음란한 세대의 사람들에게는 요나의 표적밖에는 보일 표적이 없다고 말씀하신다. 그러면서 도무지 회개할 가능성이 없고, 사탄의 도구로 전락한 이들을 향하여 엄중한 심판을 선언하신다. 요나의 전도를 듣고 회개한 니느웨 사람들이 마지막 날 이들을 심판할 것이며, 솔로몬으로부터 지혜의 말을 들었던 남방 여왕이 이들을 정죄할 것이다. 이들은 요나보다도, 솔로몬보다도 더 위대하신 예수의 사역과 말씀을 거부함으로써, 회개와 구원의 길을 스스로 막아 버렸다.

이들에 이어 예수의 가족들이 예수를 찾아온다. 예수의 형제자매들은 예수의 부활 사건 이후에는 신앙을 가져 초창기 예루살렘 교회의 창립 교인으로 활동했지만(행 1:14), 공적 사역 기간 동안에는 예수를 믿지 않았던 것 같다(참조. 요 7:5). 그래서 예수의 사역을 이해할 수 없었다. 더구나 예수께서 정치·종교 지도자들과 갈등을 일으키고 그들에게 조롱과 배척을 받는 것을 보고 마음이 편하지 않았을 것이다. 그래서 예수를 집으로 데려가려고 찾아왔던 것 같다. 예수께서는 육신의 가족들을 무시하신 것은 아니지만, 하나님의 사역과 그분의 뜻이 더욱 중요했기 때문에 자신의 사역을 중단하실 수 없었다. “누구든지 하늘에 계신 내 아버지의 뜻대로 하는 자가 내 형제요, 자매요, 어머니이니라”라는 말씀도 이와 같은 배경에서 이해해야 한다. 이 말씀을 통해 하나님의 뜻을 따라 산다는 것이 얼마나 어려운지 알 수 있다. 하나님의 뜻을 실현하는 것이 가장 중요한 일이었기에 예수께서는 가족과 단절되는 아픔도 감수하실 수밖에 없었다. 이처럼 진리를 따라 산다는 것은, 즉 하나님의 뜻을 모든 것 앞에 둔다는 것은 결코 쉬운 일이 아니다. 그것은 십자가의 길이요, 눈물과 아픔과 소외와 단절을 자초하는 고난의 길이다. 그러나 그것이 하나님께서 주신 사명이요, 하나님의 뜻이라면 우리는 예수를 본받아 고난을 감수할 수밖에 없다.

4. 예수의 대응: 천국 비유 설교(13:1-58)

복음서에는 마흔 개 이상의 길고 짧은 비유들이 기록되어 있다. 마태복음 13장만 하더라도 “씨 뿌리는 자”, “가라지”, “겨자씨”, “누룩”, “밭에 감추인 보화”, “값진 진주”, “그물”, “곳간 주인” 등 여덟 개의 비유가 소개된다. 구약성경을 포함하여 예수 이전의 그 어떤 유대인도, 이후의 그 어떤 유대 랍비들도 예수처럼 비유를 많이 사용하여 말씀한 사람이 없다. 비유는 예수만의 독특한 교수 내용과 방법이다. 왜 예수께서는 누구나 알기 쉽게 직설적으로 표현하지 않고, 사람들이 잘 알아들을 수 없도록, 심지어 제자들도 설명이 없이는 이해할 수 없었는데도 비유로 말씀하셨는가?

"씨 뿌리는 자의 비유"를 듣고 제자들이 "어찌하여 그들에게 비유로 말씀하시나이까?"라고 물은 것으로 보아 제자들도 비유를 사용하시는 이유를 잘 몰랐던 것 같다. 비유는 제자들에게는 천국의 비밀을 알려 주는 기능을 하지만, 예수를 곡해하고 비난하는 자들에게는 천국의 비밀을 감추는 기능을 한다. 즉 천국의 비밀을 볼 수 있는 자들에게는 비유가 복과 은혜의 수단이 되지만, 그렇지 않은 자들에게는 저주와 심판의 수단이 된다. 이 점이 예수께서 인용하신 이사야 6:9-10을 통해서 잘 드러난다: "너희가 듣기는 들어도 깨닫지 못할 것이요, 보기는 보아도 알지 못하리라. 이 백성들의 마음이 완악하여져서 그 귀는 듣기에 둔하고 눈은 감았으니, 이는 눈으로 보고 귀로 듣고 마음으로 깨달아 돌이켜 내게 고침을 받을까 두려워함이라"(13:14-15).

첫 번째 "씨 뿌리는 자의 비유"(13:3-9)를 보면 씨를 뿌리는 자, 그가 뿌린 씨, 그리고 그 씨가 떨어진 네 종류의 토양이 등장한다. 전체적으로 볼 때 이 비유는 네 종류의 토양에 떨어진 씨와 그 반응에 초점이 맞추어져 있다기보다는 열매를 맺지 못하게 하는 토양에 떨어진 씨와 열매를 맺게 하는 토양에 떨어진 씨에 초점이 있다. 씨를 뿌리는 자가 예수를, 씨가 그분이 전파하는 천국 복음을 가리킨다면, 네 종류의 토양은 예수의 사역에 대한 각계각층의 반응을 나타낸다. 청중의 반응을 길가, 돌밭, 가시떨기, 좋은 땅으로 설명하신 것이다.

많은 설교자가 예수의 비유 설명(13:23)에 근거해서 씨가 떨어진 네 종류의 토양에만 강조점을 두면서, "여러분의 마음 밭은 길가입니까, 돌밭입니까, 가시떨기입니까, 아니면 옥토입니까?"라고 묻는다. 하지만 씨를 뿌리는 자나 그가 뿌린 씨를 제쳐두고 지나치게 토양에만 집중하는 것은 바람직하지 않다. "천국의 비밀을 아는 것이 너희에게는 허락되었으나 그들에게는 아니되었나니"(13:11)라는 예수의 말씀은 두 가지 점을 시사한다. 하나는 이 씨 뿌리는 자의 비유가 예수의 메시아 사역에 대한 당대 청중의 반응과 깊이 연결되어 있다는 점이고, 또 하나는 이 비유가 천국의 비밀을 담고 있다는 것이다.

그러므로 이 비유를 올바르게 이해하려면 예수께서 왜 이 비유를 말씀하시는지, 이 비유를 통해 알리고자 하시는 천국의 비밀이 무엇인지 살펴보아야 한다. 예수께서는 이 비유에서 그분이 이 땅에, 그것이 길가이든, 돌밭이든, 가시떨기이든, 좋은 땅이든, 천국 복음의 씨를 이미 뿌렸음을 강조하신다. 네 번이나 씨가 "떨어지매"가 나온다는 점이 이를 뒷받침해 준다. 말하자면 예수를 통해 천국 곧 하나님의 나라가 이미 이 세상에 도래했다는 것이다. 약속이 성취로, 현 세상 안에 새 역사가 이미 시작되었다.

그러나 예수를 통해 도래한 하나님의 나라는 길가나 돌밭이나 가시떨기에 떨어진 씨처럼 열매를 맺지 못한다. 그러나 그것으로 끝나지 않는다. 엄청난 수확을 가져다줄 좋은 땅에 떨어진 씨가 있기 때문이다. 그러므로 씨를 뿌리는 자의 걸음은 경쾌하다. 그는 좋은 땅에 떨어질 씨를 기대하기에 길가나 돌밭이나 가시덤불에 떨어진 씨의 손실을 개의치 않고 계속해서 씨를 뿌린다. 이것이 바로 이 비유에 나오는 천국의 비밀이다. 메시아 예수를 통해 이미 이 세상에 하나님의 나라가 도래했으나 현재 하나님의 나라는 길가나 돌밭이나 가시떨기에 떨어진 씨처럼 열매를 맺지 못한다. 하지만 좋은 땅에 떨어져 엄청난 결실을 가져온 씨처럼 하나님의 나라는 온 세상에 확장될 것이다. 예수께서 청중의 부정적인 반응에도 불구하고 계속 천국 복음을 전파하신 이유는 부활 사건 이후 거둘 옥토의 결실을 내다보고 계시기 때문이다.

"씨 뿌리는 자의 비유"에서 예수께서는 이 땅에서 복음의 씨를 뿌리는 자들이, 즉 목회자든, 선교사든, 교수든, 회사원이든, 부정적인 반응을 만나더라도 낙심하지 말고 계속 씨를 뿌리면 하나님께서 준비하신 옥토의 결실을 반드시 수확할 것이라고 약속하신다. 그리고 복음의 말씀을 들을 때는 길가나 돌밭이나 가시떨기처럼 가볍게 받아들이면 안 되고 옥토의 마음 밭이 되어 풍성한 열매를 맺어야 함을 알려 주신다.

이 비유가 천국 복음을 전파하는 자와 천국 복음과 그에 대한 사람들의 반응에 초점이 맞추어져 있다면, "가라지 비유"(13:24-30)는 천국이 이 세상에 임할 때 어떤 일이 일어나며, 그 결과가 무엇인지에 초점이 맞추어져 있다. 예수께서는 가라지 비유에서도 좋은 씨를 제 밭에 뿌렸다고 하시면서, 자신의 메시아적 사역과 더불어 천국 곧 하나님의 나라가 이 땅에 도래했음을 강조하신다. 이 비유에서 가라지는 하나님의 나라에 저항하는 세력을 암시한다. 여기서 질문이 하나 제기된다. 왜 메시아이신 예수께서는 자신과 하나님의 나라에 도전하는 불순 세력들을 그때그때 심판하지 않으시는가?

예수는 그 이유를 곡식까지 뽑을까 봐 염려되기 때문이라고 대답하신다. 다시 말하면 예수를 따르는 제자들과 성도들을 보호하시기 위함이라는 것이다. 그러나 곡식 때문에 가라지에 대한 심판이 잠깐 연기된다고 하더라도 추수하는 그날, 곧 마지막 날에는 최종 심판이 반드시 있으리라고 밝히신다. 오늘 우리 시대에 불신을 조장하고 불의한 일을 일삼는 사탄의 세력들에게 즉각적으로 심판이 임하지 않는다고 해서 심판이 취소되었거나 그들의 죄가 간과된 것은 아니다. 단지 심판의 날이 연기되었을 뿐이다.

예수께서 "겨자씨 비유"(13:31-32)와 "누룩 비유"(13:33)를 이어서 말씀하신다. 이 두 비유가 담고 있는 메시지는 동일하다. 예수께서 선포하신 천국은, 처음에는 겨자씨처럼, 그리고 누룩을 넣지 않은 빵처럼 작지만, 나중에는 엄청나게 크게 성장하게 된다는 것이다. 실질적으로 예수의 사역이 그러했다. 제자들과 그 이후 여러 선교사의 사역도 처음에는 별다른 성과를 내지 못했지만 나중에는 굉장한 결과를 가져왔다. 두 비유는 천국 전파 운동은 아무리 외부의 도전과 핍박이 있다고 하더라도 결코 중단되거나 소멸되지 않고 시간이 지난 후 어마어마하게 퍼진다는 사실을 강조한다.

예수께서 제자들과 군중 앞에서 네 종류의 비유를 말씀하신 후 잠시 집에 들어가셨을 때, 제자들이 찾아와 가라지 비유가 무엇을 뜻하는지 묻는다. 그들은 감추는 성격을 띤 비유의 형식 때문에 메시지를 잘 파악할 수 없었다. 예수께서는 "좋은 씨를 뿌리는 자"가 자신을 가리키는 "인자"라고 하심으로써 이 비유가 천국 복음 전파 사역을 반영한다는 것을 분명히 밝히신다. 그리고 "밭"을 "세상"으로, "좋은 씨"를 자신이 선택한 "천국의 아들들"로, "가라지"를 마귀가 선택한 "악한 자의 아들들"로 묘사하셔서, 자신을 믿고 따르는 제자들과 자신에게 도전하는 반대자들이 있음을 알려 주신다. 그리고 세상 끝 날에는 자신이 인자의 영광을 가지고 세상의 심판자로 오시며, 그때에는 천국의 아들들로 불리는 제자들과 믿는 자들은 하나님 아버지의 나라에서 해와 같이 빛나는 영광스러운 자리에 들어가지만, 반면에 악한 자들은 풀무 불과 같은 지옥에서 영원한 형벌을 받는다고 경고하신다.

하나님의 나라에는 사랑과 은혜만 있는 것이 아니라, 이 나라를 전파하시는 예수를 거부하는 자에게는 무서운 심판을 받게 하는 공의도 존재한다. 그러므로 지금 의로운 자들이 고난을 당하고, 악한 불신자들이 더 잘되고 득세한다고 해서 낙담할 필요가 없다. 악한 자들은 최후 심판의 날 반드시 지옥의 형벌을 받는다. 심판의 연기가 우리에게는 날마다 주님에게 더 가까이 나아갈 수 있는 기회이지만, 저들에게는 죄를 축적해 가는 기간이다.

여기서 주의 깊게 보아야 할 또 한 가지 점은 가라지에 대한 심판은 인자이신 예수의 몫이지 우리의 일이 아니라는 것이다. 삶의 현장에서, 심지어 교회 안에서 가라지와 같은 사람을 만나더라도 우리가 앞장서서 이들을 제거하려는 심판자의 자리에 서지 말아야 한다. 우리는 그저 주님께서 가라지를 없애 주시리라는 믿음을 가지고 추수 때를 기다리면서 맡은 일에 최선을 다하면 된다.

가라지 비유 해석 구절을 기준으로 13장의 전반부에는 "씨 뿌리는 자", "가라지", "겨자씨", "누룩" 비유가 나오고, 후반부에는 더 짤막한 비유인 "밭에 감추인 보화"(13:44), "값진 진주"(13:45-46), "그물"(13:47-50), "곳간 주인"(13:52) 비유가 나온다. 겨자씨와 누룩 비유가 천국의 급격한 성장을 나타낸다면, 밭에 감추인 보화와 진주 비유는 그 무엇과도 바꿀 수 없을 만큼 중요한 천국의 고귀성을 보여 준다. 그리고 그물 비유는 가라지 비유처럼 세상 끝 날에 분리와 심판이 임한다는 사실을 알려 주며, 마지막에 나오는 곳간 주인 비유는 사실상 13장에 나오는 비유들의 결론으로, 첫 번째에 나오는 씨 뿌리는 자의 비유처럼 천국 전파 사역자로 일하게 될 제자들과 선교사들이 가져야 할 자세를 보여 준다. 즉 13장에 나오는 여덟 개의 비유는 다음과 같이 연결되어 있다:

첫 번째: 씨 뿌리는 자
두 번째: 가라지
세 번째: 겨자씨
네 번째: 누룩
다섯 번째: 밭에 감추인 보화
여섯 번째: 값진 진주
일곱 번째: 그물
여덟 번째: 곳간 주인

밭에 감추인 보화와 진주 비유는 우리가 받은 천국의 축복이 얼마나 귀한지 알려 주며, 이를 잘 보전하고 간직해야 함을 교훈해 준다. 그물 비유는 마지막 날 심판이 있음을 잊지 말고, 예수께서 우리에게 맡기신 일을 성실히 행해야 한다고 교훈해 준다. 그리고 곳간 주인 비유는 이 세상에서 우리가 소명을 감당할 때에 내 경험과 내 생각대로 하지 말고 하나님의 말씀 중심으로, 곧 구약성경과 신약성경을 기준으로 해야 한다고 알려 준다. 이처럼 예수의 비유는 단순히 하나님의 나라가 무엇이며, 예수 자신이 누구인지를 가르치는 것으로만 끝나지 않는다. 더 나아가서, 이 비유를 듣는 자들이 누구이며 그들이 무엇을 해야 하는지도 가르쳐 준다. 비유를 말씀하시며 때때로 예수께서 "귀 있는 자는 들어라", "이 모든 것을 깨달았느냐?"라고 물으시는 이유가 여기에 있다. 예수께서 들려주시는 비유는 그때나 지금이나 모든 청중을 향하여 이렇게 도전을 준다: "하나님의 나라에서 나는 누구인가, 나는 무엇을 해야 하는가?"

예수께서 천국 비유 설교를 마친 후 나사렛으로 가서 회당에서 고향 사람들에게도 천국 복음을 전파하신다. 그들은 예수의 지혜와 능력에 대하여 놀라워한다. 그들이 알던 예수는 자신들과 똑같은 나사렛 시골 청년으로서 평범한 자였다. 그리고 예수의 네 형제와 자매도 그들처럼 평범하게 고향에서 살고 있었다. 그런데 고향 땅을 떠났던 예수가 돌아와서는 자신들이 상상조차 할 수 없는 지혜의 말씀을 전하고 능력을 행하고 있으니 어찌 놀라지 않을 수 있겠는가? 예수의 고향 사람들은 예수를 환영하기는커녕 오히려 배척한다. 잘못된 선입감과 편견 때문에 하나님의 아들과 메시아로서의 예수의 진정한 인격을 볼 수 없었고, 예수의 지혜와 능력이 하나님께로부터 온다는 것도 알지 못했다. 그래서 천국 복음을 듣고도 깨닫지 못한다.

나사렛 사람들이 예수께 보여 준 부정적인 반응은 그 이후 예수가 걸으실 길도 결코 순탄하지 않을 것을 암시해 준다. 예수께서는 길가와 돌밭과 가시떨기를 만나 고난의 길을 걸으실 것이다. 세상의 정치계에서는 같은 지역 출신 정치가를 지지하는 경향이 있다. 그래서 그를 환대하고 압도적인 지지를 보낸다. 하지만 예수는 고향 사람들에게 배척을 받는다. 예수께서 그러하셨다면 예수의 길을 뒤따라가는 제자들은 말할 것도 없다. 구약의 선지자들이 그러했듯이 오해와 배척을 받을 수 있다. 그렇다고 낙심할 필요는 없다. 예수께서 좋은 땅의 결실을 내다보면서 묵묵히 씨를 뿌리셨던 것처럼 우리 제자들도 주님께 받은 사명의 길을 묵묵히 걸어가야 한다. 그렇게 할 때 주님께서 약속하셨던 옥토의 결실을 수확할 수 있다. 복음의 씨는 그 자체가 강한 생명력을 가지고 있어서 좋은 땅을 만나면 100배, 60배, 30배의 결실을 맺는다. 하지만 나사렛 사람들처럼 천국 복음을 거부하는 자들은 축복 대신 어둠의 심판을 받게 된다. 바로 이것이 하나님 나라의 비밀이다.

5. 심화되는 도전과 대응(14:1-20:34)

예수께서는 13장에서 천국을 비유로 말씀하시면서 자신의 인격과 사역에 대한 오해와 도전이 있을지라도 천국 복음 전파 사역이 중단되지는 않을 것이라고 선언하셨다. 천국은 이미 임했고 점점 더 확장되고 있다. 14:1-20:34에서는 11-12장에서 일어났던 예수에 대한 도전이 점점 더 심해지고 있음을 보여 준다. 유대 사회의 지도층이었던 바리새인, 서기관, 제사장 그룹이 본격적으로 등장해서 예수를 모함하고 괴롭힌다. 예수께서는 자신을 따르는 자들에게 메시아적 권능과 사랑을 베푸시고 도전자들에게도 적극적으로 대응하신다.

(1) 세례 요한의 죽음(14:1-12)

14장 전반부에서는 세례 요한이 어떻게 해서 죽게 되었는지 설명한다. 예수도 인정하셨듯이, 세례 요한은 위대한 선지자였고, 예수의 오심을 준비하라고 외친 선구자였다. 그는 백성을 향하여 죄를 회개하고 메시아의 오심을 준비하라고 소리쳤다. 그리고 세례를 베풀었다. 회개하지 않는 자들에게는 무서운 심판이 임하리라고 경고했다. 세례 요한의 활동지였던 갈릴리 지역의 통치자는 헤롯 임금의 아들인 헤롯 안티파스였다. 그는 헤롯이 죽은 후 셋으로 갈라진 유대 나라 중 하나를 통치했다. 왕이 된 뒤에 아내를 버리고, 이복동생인 헤롯 빌립의 아내 헤로디아를 차지한 일로 세례 요한에게 책망을 받았다.

이 행동은 율법을 위반한 것이었다. 구약성경에서는 "너는 네 형제의 아내의 하체를 범하지 말라. 이는 네 형제의 하체니라"(레 18:16)라고 하면서 동생의 아내와 불륜을 저지르는 것을 엄격하게 금한다. 세례 요한은 선지자들이 왕들의 잘못을 단호하게 지적하고 하나님의 무서운 심판을 받으리라고 경고했던 것처럼 헤롯을 책망한다. 그래서 헤롯과 헤로디아는 세례 요한을 눈엣가시처럼 여겨서 기회가 되는 대로 죽이려고 한다. 하지만 세례 요한이 백성에게 추앙

받고 있었기에 죽이지는 못하고 일단 옥에 가두어 둔다. 헤로디아는 전남편과의 사이에서 낳은 딸 살로메를 시켜서 세례 요한의 머리를 헤롯에게 요구하게 한다. 세례 요한은 의를 추구하다가 생명을 잃고 만다. 그는 세상의 왕보다도 만왕의 왕이신 하나님을 더 중요하게 여겼고, 세상의 왕명보다도 하나님의 말씀을 더 중요하게 여긴, 진정한 선지자였다.

(2) 오병이어 기적(14:13-21)

세례 요한의 제자들이 예수께 요한의 죽음을 알린다. 이에 대한 예수의 직접적인 반응이 복음서에는 나오지 않는다. 마태·마가·누가복음에서는 세례 요한의 죽음에 이어 오병이어 기적을 소개한다. 만일 이 표적이 요한복음이 암시하듯이(요 6:53-58) 예수의 죽음을 의미하는 성만찬을 나타낸다면, 예수는 세례 요한의 죽음을 자신의 죽음에 대한 예고나 전주곡으로 받아들이셨을 것이다.

14장 후반부에서는 오병이어 기적과 제자들의 반응을 보여 준다. 이 기적은 사복음서에 모두 실려 있을 만큼 예수께서 행하신 수많은 기적 중 매우 중요한 기적이다. 예수께서는 왜 이 기적을 행하셨는가? 이 기적의 주된 메시지는 무엇인가? 세 가지 관점에서 살펴보자.

첫째, "큰 무리를 보시고 불쌍히 여기사"(14:14)라는 구절에 잘 나오듯이, 자신을 찾아와서 말씀을 들은 무리를 그냥 돌려보내지 않으시는 예수의 지극한 사랑이 반영되어 있다. 예수께서는 무리 중에 있는 병자를 고쳐 주셨을 뿐 아니라, 그들이 빈 들에서 허기에 지쳤을 때 굶주린 배를 채워 주셨다. 작은 보리떡 다섯 개와 물고기 두 마리는 한 사람이 한 끼를 해결할 수 있는 최소한의 양식이었다. 예수께서 그 빈약한 식사로 수많은 사람을 배불리 먹이신다. 이스라엘 백성이 광야에서 굶주려 있을 때, 하나님께서 만나와 메추라기를 보내어 그들을 배부르게 하신 것처럼, 하나님의 아들 메시아로 오신 예수께서도 오병이어를 가지고 이스라엘 백성을 배불리 먹이신다. 먹고 남은 떡의 광주리 숫자가 이스라엘을 상징하는 "12"라는 점이 이를 암시한다.

둘째, 십자가에서의 죽음과 그 열매를 보여 준다. 예수께서는 갈릴리 사역에서 이미 많은 반대자를 만나셨다. 그리고 불의에 항거하다가 죽은 세례 요한의 소식도 들으셨다. 예수께서는 자신이 백성의 죄를 지고 대신 죽으리라는 것을 아신다. 이제 그때가 다가온다. 떡과 물고기가 찢어져서 많은 사람을 배부르게 했듯이 예수의 희생적 속죄 죽음을 통해 많은 사람이 구원의 축복을 누리게 될 것이다.

셋째, 개인의 작은 헌신이 예수께 전달되자 이것을 통해 예수께서 놀라운 기적을 베푸신다. 우리의 작은 헌신도 이렇게 놀라운 결과를 가져올 수 있다.

(3) 물위로 걸으시다(14:22-36)

예수가 오병이어 기적을 베풀자, 무리는 예수를 하나님께서 보낸 메시아로 받아들이기보다는 민생 문제를 해결해 줄 수 있는 지도자쯤으로 여기고 예수 곁을 떠나려고 하지 않는다. 무리를 돌려보내고 예수께서는 혼자 기도하러 가시고 제자들에게는 배를 타고 갈릴리 바다를 건너라고 명하신다. 제자들이 항해하는 도중에 큰 풍랑을 만나 어려움에 처한다. 예수께서 제자들을 구하려고 바다 위를 걸어 배 쪽으로 다가가신다. 제자들은 예수를 유령이라고 생각한다. 이에 예수께서 "안심하라. 나니 두려워하지 말라"라고 말씀하신다. 성미가 급한 베드로가 "주여, 만일 주님이시거든, 나를 명하사 물 위로 오라 하소서"라고 간청한다. 예수께서 "오라"라고 하시자, 베드로가 예수를 바라보며 물위를 걷는다. 그러나 곧 바람을 보는 순간 무서워서 물속으로 빠져 들어간다. "주여, 나를 구원하소서"라고 외치는 베드로를 예수가 붙잡으시고, "믿음이 작은 자여 왜 의심하였느냐"라고 견책하신다. 믿음이란 어떤 상황에서도 오직 예수만 바라보는 것이다. 베드로는 처음에는 이 믿음을 가졌지만 나중에는 눈을 돌려 바람을 보다가 믿음을 잃어버리고 말았다. 마침내 예수께서 배에 오르시자 풍랑이 그치고 바다가 잔잔해진다. 제자들은 자연 세계까지도 다스리시는 예수께 경배하며, "진실로 하나님의 아들이로소이다"라고 고백한다.

예수께서 제자들과 함께 배를 타고 가신 곳은 갈릴리 호수 서북쪽에 위치한 게네사렛 지역이다. 예수가 그곳에 오셨다는 소문이 순식간에 퍼진다. 갈릴리 동남부 지역에서 행하셨던 이적과 치유 사역들이 이 지역에까지 널리 알려져 있었다. 게네사렛 사람들은 인근 지역에 살고 있는 이들에게도 예수가 오셨다는 사실을 두루두루 알려서 모든 병자를 예수께 데리고 온다. 그들은 병든 자들이 예수의 옷만 만져도 다 나으리라고 믿기에 예수께 옷에 손을 대게 해 달라고 간청한다. 그들의 믿음과 간청대로 예수의 옷을 만진 자들이 다 나음을 얻는다. 게네사렛 사람들의 협동심과 진지한 믿음을 확인할 수 있는 장면이다. 그들은 예수를 널리 알려서 많은 사람이 놀라운 은혜를 누리게 했다. 이처럼 믿음과 사랑을 서로 나눌 때 더 크고 풍성한 결과를 얻을 수 있다.

(4) 바리새인과 서기관들의 도전(15:1-20)

예수 당대 유대교 안에는 "바리새파", "사두개파", "에센파", "열심파" 등 네 가지 큰 종파가 있었다. 이 중 에센파는 신약성경에는 나오지 않지만 유대 역사가 요세푸스의 책에는 언급되어 있고, 쿰란 문헌이 발견된 이후 이 문헌을 남긴 유대 종파로 잘 알려지게 되었다. 바리새파는 율법을 연구하는 서기관들이나 예루살렘 성전 제사에서 소외된 저급의 제사장들, 그리고 율법을 따라 살려고 하는 중산층 이상의 사람들로 구성되어 있었다. 복음서를 보면 바리새파는 안식일 준수법, 손 씻는 정결법, 음식법, 이혼법 등과 같은 문제와 관련해서, 기록된 율법 외에 구전(口傳, 할라카)으로 내려오는 랍비들의 율법 해석 전통에 근거하여, 사사건건 예수의 가르침과 사역을 비판하고 딴지를 건다. 예수께서는 바리새인들을 외식과 형식에 빠진 자들이라고 규정하신다.

어느 날 예수의 제자들이 손을 씻지 않고 음식을 먹는 것을 본 바리새인과 서기관들이 제자들이 장로들의 전통을 범했다면서 예수께 항의한다. 구약성경의 율법에 따르면 제사장들은 거룩한 직무를 수행할 때 반드시 손과 발을 씻어야 했다(출 30:17-21). 시대가 지나면서 이것이 랍비들(장로들)에 의해 모든 사람에게 확대되는 전통이 확립되었다. 그들은 이 전통을 근거로 해서 제자들이 손을 씻지 않았다고 비판한 것이다. 이에 대해 예수께서는, 그들이 사람이 임의로 만든 전통을 근거로 해서, 그보다 훨씬 더 중요한 하나님의 율법을 어기고 있다는 실례를 들어, 그들의 위선적인 행위를 지적하신다. 그들은 겉으로는 하나님을 위한다고 했지만, 실제로는 하나님의 이름을 걸어 놓고 자신들의 이익을 추구하고 있었다.

오늘날 우리도 바리새인들처럼 외식과 형식에 빠져서 행동할 수 있다. 교회나 교단의 전통을 핑계 삼아 교인들을 힘들게 하는 경우가 있다. 아무리 좋은 전통이라도 그것이 성경의 지지를 받지 못하면 교인들에게 지키라고 강요해서는 안 된다. 혹은 자신도 이웃 사랑과 부모 공경이라는 크고 중요한 성경의 가르침을 지키지 못하면서 다른 성도가 전통을 어겼다고 정죄해서도 안 된다. 우리는 바리새인들의 위선을 지적하신 예수의 신랄한 비판에 귀를 기울여야 한다.

예수께서 이 문제를 일반 무리에게도 적용하신다. 바리새인들은 입으로 들어가는 것, 곧 음식 먹는 것을 중하게 여겨서, 손을 씻지 않고 음식을 먹으면 그것이 사람 전체를 불결하게 만든다고 생각했지만 예수께서는 오히려 입에서 나오는 것들이 사람을 불결하게 한다고 말씀하신다. 모든 악한 것들, 곧 악한 생각, 살인, 간음, 음란, 도둑질, 거짓 증언, 비방 등이 입으로 대변되는 마음에서 나오기 때문이다. 바리새인들은 정결법의 전통을 지켜야 한다고 주장하며 자신들을 거룩한 자로 자처했지만 입으로는 더러운 것들을 말하고 있었다. 정결법의 목적은 사람이 거룩하신 하나님 앞에 바로 설 수 있도록 해 주는 것이다. 하지만 그들은 하나님 앞에서 자신을 돌아보지 않고 인간이 만든 전통을 우선시한다. 그러면서 사람 전체를 더럽게 하지 않는 작은 일, 즉 손을 씻지 않고 음식을 먹은 것을 정죄한다.

예수께서 이와 같은 바리새인들의 행태를 가리켜 "맹인이 맹인을 인도하여 둘이 다 구덩이에 빠지는 것"이라고 말씀하신다. 예수는 맹인을 치유하여 볼 수 있게 하는 사역을 베푸시는데, 백성의 선생이며 지도자라고 스스로 일컫는 바리새인들과 서기관들은 오히려 백성을 자신들과 함께 구덩이로 빠지는 그릇된 길로 인도하고 있다. 하나님께서는 사람을 외모로 보지 않으시고, 마음 중심을 보고 계심에도 불구하고, 그들은 형식적이고 외면적인 것에 집착하여, 하나님의 뜻을 거스르고 사람들을 잘못된 방향으로 가르치고 인도하고 있다.

우리 역시 하나님이 진정으로 원하시는 것이 무엇인지 고려하지 않고, 내 선입관과 잘못된 생각과 이해를 가지고, 남을 함부로 정죄하고 판단하기도 한다. 내면에 감추어져 있는 죄를 하나님 앞에서 깨닫고 회개해야 하는데 주변 사람들의 작은 잘못을 더 문제 삼기도 한다. 예수께서 바리새인들을 향하여 하신 말씀을 기억하여 그들의 전철을 밟지 않도록 노력하자.

(5) 가나안 여자의 믿음(15:21-28)

복음서에 따르면, 예수의 가르침, 설교, 치유, 이적 등 대부분의 사역이 이스라엘 백성을 대상으로 이루어진다. 예수께서 제자들을 선교 현장에 파송할 때에도 이스라엘 백성을 찾아가라고 명령하신다(10:5-6). 그러나 자신을 찾아온 이방 사람들을 만나지 않거나 외면하지는 않으신다. 로마 군대 장교인 백부장이 찾아왔을 때에도 그의 믿음을 칭찬하시고 중풍병이 든 그의 하인을 낫게 하셨다(8:5-13).

예수께서 갈릴리 바다 북부에 위치한 두로와 시돈 지방을 지나던 중 팔레스타인 태생인 한 이방 여자를 만나신다. 이 여자는 예수를, 일종의 메시아 호칭인 "다윗의 자손이여"라고 부르면서, 귀신 들린 자신의 딸을 고쳐 줄 것을 간청한다. 예수는 자신이 이스라엘 백성을 위해 보내심을 받았으며, 자녀의 떡을 개들에게 줄 수 없다는 이유로 이 간청을 거부하신다. 인종 차별과 신분 학대의 말을 들었음에도 이 여자는 개의치 않고, "주여, 옳소이다마는 개들도 제 주인의 상에서 떨어지는 부스러기를 먹나이다"라고 하면서 부스러기 은혜라도 주실 것을 거듭거듭 간청한다. 이에 예수께서는 여자의 믿음이 큰 것을 칭찬하시고, 딸을 낫게 해 주신다.

이 본문을 읽고 예수가 인종적·신분적 편견을 가진 분이라고 생각할 필요는 없다. 예수는 '먼저 이스라엘, 그다음 이방 사람'이라는 이스라엘 민족의 우선성을 지적하신 것이다. 부활하신 후에는 모든 민족에게 복음을 전하라고 제자들에게 분부하신다. 이 여자의 믿음이 이 미래를 현재로 앞당겼다. 예수께 치유받고자 하는 간절한 믿음이 이러한 역사를 만들었다. 예수께서는 여자의 놀라운 믿음을 보시고는 인종과 시간의 경계를 뛰어넘어 그녀의 딸을 치유해 주신다. 예수를 찾아가면 문제가 해결될 수 있다는 확고한 믿음을 가지고 예수께 간청하는 자는 인종과 신분과 성별에 상관없이 반드시 응답을 받는다.

(6) 치유 사역과 표적(15:29-39)

15장 후반부에는 예수께서 말 못하는 사람과 지체 장애인과 시각 장애인을 고쳐 주시고, 적은 양의 떡과 생선을 가지고 사천 명 이상을 배불리 먹게 하셨다는 치유와 이석 기사가 계속 나온다. 이와 같은 보도를 어떻게 받아들여야 하는가? 저자는 앞에서 이미 이적들을 기록했는데 왜 다시 반복하는가? 예수의 치유와 이적 사역은 예수가 하나님의 아들이며 동시에 야훼의 종이라는 사실과 밀접한 관계가 있다. 예수가 하나님의 아들이 아니라면 복음서에 기록된 그와 같은 기적들을 행한다는 것은 불가능하다. 예수가 백성의 짐을 대신 지실 야훼의 종이 아니라면 복음서에 나오는 그와 같은 이적들을 행하지 않으셨을 것이다. 때때로 병자나 어려움을 당한 사람들을 불쌍히 여기셔서, 또는 상대방이나 목격자들에게 믿음을 불러일으키기 위해 사역하기도 하셨지만, 그 근본 목적은 예수 자신이 누구이며, 무엇을 할 것인지, 하나님의 나라가 어떤 나라인지 보여 주시는 데 있었다. 그래서 저자는 예수의 사역 이야기를 계속 반복해서 전한다.

치유 사역은 예수의 주된 사역인 하나님 나라의 도래를 알리고 그 나라의 특성을 보여 주는 일종의 구원 사건이다. 그것은 예수를 통하여 이스라엘과 온 세상을 회복하시려는 하나님의 위대한 약속이 성취된다는 것과, 선지자들이 예언했던 영원한 하나님의 나라가 도래함을 보여 주는 표징이다. 하나님 나라의 도래와 구원 선포는 근본적으로 인간의 범죄로 인해 발생한 모든 질병과 장애와 파괴된 자연이 새롭게 회복되고 새롭게 창조되는 사역을 내포한다. 예수의 구원 선포는 질병의 치유만을 목적하지 않고, 인간의 육체와 영혼을 다 포함하는 전인적인 치유이며, 가족과 사회와의 관계를 회복시켜 주는 범사회적인 치유다. 하나님 자신의 언약의 성취이자, 하나님 자신이 찾아오시는 것이며, 그분의 창조 세계가 회복되는 것이다. 이처럼 예수의 치유와 기적 사역은 하나님의 주권적인 은혜의 사역이기 때문에 인간에게 믿음과 말씀에 대한 순종만을 요구한다. 예수의 이적들을 이해하기 위해서는 반드시 그분에 대한 믿음이 필요하다. 믿음이 없이는 이해할 수 없다. 이런 점에서 예수의 이적 이야기는 우리의 믿음의 진정성을 비추어 주는 거울이기도 하다.

(7) 표적 요구(16:1–12)

바리새인들과 사두개인들이 다시 예수를 시험하고자 예수께 하늘로부터 오는 표적을 보여 달라고 요청한다. 그들의 목적은 예수가 백성을 미혹하는 거짓된 선지자임을 폭로하려는 데 있다. 당시 바리새파와 사두개파는 서로 배타적인 그룹이었다. 바리새파는 율법을 강조했고, 사두개파는 성전을 강조했으며, 바리새파는 율법을 중심으로 일종의 종교적·사회적인 운동을 일으키는 데 관심이 있었고, 사두개파는 예루살렘 성전을 중심으로 정치적·종교적 권력을 추구하는 데 관심을 기울였다. 그런데 이들이 예수를 배척하는 일에는 한마음이 된다. 그들의 요청은 예수께서 그동안 수많은 치유와 이적 사역을 베풀어서 자신이 하나님께로부터 보내심을 받았음을 나타내 보이셨지만 그것으로는 그 사실을 인정할 수 없다는 불신앙의 표현이다. 예수께서는 자신을 궁지에 몰아넣기 위한 불순한 의도를 지닌 요구에 결코 응하지 않으신다. 오히려 그들이 날씨는 분별하면서도, 지금 예수 자신을 통하여 이루어지고 있는 하나님의 역사는 분별하지 못한다고 하시면서 그들의 불신앙을 책망하신다. 그리고 자신의 죽음과 부활을 상징하는 요나의 표적을 언급하셔서 그들의 불신앙에 대한 하나님의 심판을 선언하신다. 예수의 십자가와 부활 사건은 믿는 자들에게는 구원의 근거가 되지만, 예수를 믿지 않는 자들에게는 영원한 심판의 근거가 된다.

이 사건과 관련하여 예수께서는 제자들에게 "바리새인과 사두개인들의 누룩을 주의하라"라고 이르신다. 여기서 "누룩"은 바리새인과 사두개인들의 잘못된 가르침을 뜻하는데 제자들은 떡 속에 넣는 누룩을 떠올린다. 예수께서 오병이어 표적과 떡 일곱 개로 사천 명을 먹이신 표적을 각각 상기시키면서 제자들의 믿음이 작음을 책망하신다. 제자들은 예수 옆에서 그 표적들을 직접 보았는데도 걱정하지 않아도 될 문제를 염려하고 있었던 것이다. 제자들에게 필요한 것은 거짓된 정체성을 분별하는 일이다. 바리새인들과 사두개인들은 하나님과 율법의 이름을 내걸고 잘못된 교훈들을 가르친다. 그러므로 그들과 같은 이단들의 유혹에서 벗어나려면 그들의 가르침을 올바르게 판단할 수 있는 능력이 필요하다. 이것이 바로 누룩을 주의하는 것이다.

(8) 베드로의 신앙 고백, 예수의 수난 및 죽음 예고(16:13-28)

갈릴리에서 동북쪽으로 약 40km 정도 떨어진 가이사랴 빌립보 지역에서 예수께서 제자들에게 사람들이 "인자"(예수가 스스로를 가리키시는 독특한 호칭으로, 약속된 메시아를 지칭하기도 한다)를 누구라고 생각하는지 물으신다. 제자들은 제2의 세례 요한이나 엘리야, 또 예레미야나 선지자 중의 한 사람으로 생각한다고 대답한다. 예수께서 보시기에 이러한 답변들은 백성의 기대를 예수에게 투영한 것이 지나지 않았다. 그래서 제자들에게 "너희는 나를 누구라 하느냐?" 하고 물으신다. 시몬 베드로가 제자들을 대표하여 이렇게 대답한다. "주는 그리스도시요, 살아 계신 하나님의 아들이시니이다"(16:16). 곧 예수가 하나님과 특별한 관계에 있는 하나님의 아들이시며, 하나님이 보내신 그 메시아라고 고백한다. 예수는 베드로의 신앙 고백을 칭찬하시고, 하나님 아버지께 은혜를 받아 이렇게 고백한 것이라고 말씀하신다. 그리고 이어서 이렇게 약속하신다. "너는 베드로라. 내가 이 반석 위에 내 교회를 세우리니 … 내가 천국 열쇠를 네게 주리니." 즉 베드로를 통해 하나님의 새로운 공동체를 세우겠다고 선언하신다.

베드로라는 이름이 반석이라는 뜻이고, 예수께서 반석 위에 교회를 세우신다고 했기 때문에, 로마 가톨릭교회에서는 베드로를 제1대 교황으로 삼고, 베드로를 계승하는 교황이 다스리는 로마 가톨릭교회만이 참된 교회라고 주장한다. 개신교회에서는, 실수하고 심지어 사탄의 도구가 될 수도 있는 인간 베드로 위에 교회를 세우겠다고 하신 것이 아니라, 베드로의 참된 신앙 고백 위에 세우겠다고 하신 것으로 이해한다.

여기서 중요한 것은 예수께서 교회를 "내 교회", 그리고 "내가 세운다"라고 말씀하신 점이다. 교회의 주인은 바로 예수 자신이시다. 누구든지 베드로처럼 하나님의 성령을 통하여 예수에 대한 바른 신앙을 고백하는 자는 시대와 장소를 초월하여 교회가 세워지는 통로가 될 수 있다. 아무리 건물이 크고 아름답더라도, 아무리 많은 사람이 모이더라도, 거기에 하나님의 바른 말씀의 선포가 없고, 예수에 대한 바른 신앙 고백이 없고, 성령의 임재와 역사가 없다면 결코 예수가 주인이신 교회라고 말할 수 없다. 우리가 교회를 구성하는 참된 제자가 되려면, 날마다 자기를 부인하고, 자기 십자가를 지고, 오직 예수만을 따라가야 한다.

베드로의 신앙 고백은 예수의 메시아 사역에 중요한 전환점이 된다. 예수께서는 이 고백을 들은 뒤, 자신이 예루살렘에 올라가서 고난을 받고 죽임을 당할 것과 사흘 만에 다시 살아날 것을 제자들에게 비로소 알리신다. 자신이 이사야 선지자가 예언한, 야훼 하나님의 종인 고난의 메시아(사 53장)라고 밝히신 것이다. 그러나 고난받는 메시아라는 사상은 유대 사회에서 생각할 수도 없는 개념이었다. 이스라엘 백성은 바빌론, 페르시아, 그리스, 로마 제국 등 강대국의 지배 아래서 수백 년간 압제를 당해 오면서 고난받는 메시아사상은 망각하고 그들을 정치적으로 해방해 줄 힘의 메시아, 영광의 메시아사상을 발전시켰다. 그래서 이사야 53장도 고난의 메시아에 대한 예언이 아니라, 이스라엘 민족의 고난에 대한 예언으로 이해했다. 예수의 제자들도 예수의 고난과 죽음에 대한 예고를 이해할 수 없었다.

심지어 베드로는 예수를 붙들고 항변하면서 이 일이 결코 주님께 일어나지 않을 것이라고 장담한다. 그는 예수가 하나님의 아들이고 메시아인 것은 알았지만 그분이 고난의 메시아로 세상에 오셨다는 점은 알지 못했다. 그는 다른 동료들과 마찬가지로, 이번에 예수께서 예루살렘에 올라가면 헤롯 왕가를 무너뜨리고 새로운 왕권을 수립하실 것이라고 생각한다. 그리고 제자들은 이 새로운 왕권 확립에 있어서 자신들이 중요한 역할을 맡으리라고 기대한다. 그런데 예수께서 기대와는 전혀 다른 말씀을 하시자 베드로가 그와 같은 반응을 보인 것이다.

주님께서 베드로를 향해 "사탄아 내 뒤로 물러가라. 너는 나를 넘어지게 하는 자로다. 네가 하나님의 일을 생각하지 아니하고 도리어 사람의 일을 생각하는도다"라고 하시며 엄하게 그를 책망하신다. 교회를 세울 "반석"으로 칭찬을 받았던 그가 일순간에 교회를 무너뜨리는 사탄의 도구가 된 것이다. 사탄은 예수께서 광야에서 금식하고 있을 때 찾아와서 시험한 것처럼, 고난과 죽음과 부활을 앞둔 이 결정적인 시간에 다시 찾아와서 하나님의 일보다 사람의 일을 더 생각하는 베드로를 통해 예수를 또 시험한다. 광야에서 단호하게 사탄의 시험을 물리친 예수께서는 이번에도 역시 그렇게 하신다.

예수께 가장 중요하고 우선적인 일은 백성을 죄에서 구원하기 위해 자신이 고난의 메시아의 길을 걷는 것이었다. 예수께서는 제자들에게도 고난의 길, 십자가의 길을 가야 한다고 말씀하신다. "누구든지 나를 따라오려거든, 자기를 부인하고 자기 십자가를 지고 나를 따를 것이니라"(16:24). 이것이 참된 제자의 길이다. 이 말씀은 오늘날에도 여전히 유효하다. 교회의 지도자들이나 성도들 중 하나님의 일보다는 사람의 일을 우선적으로 생각하여 좁은 고난의 길이 아닌 넓은 영광의 길을 걸어가려는 자들이 있다. 이들은 예수의 참된 제자가 아니다. 교회를 세울 수 있는 반석이 아니라 교회를 무너뜨리게 하는 모래와 같은 자들이다.

(9) 영광스럽게 변화되시다(17:1–13)

제자들에게 자신의 죽음과 부활을 공개적으로 언급하시고 엿새가 지난 후, 예수께서 열두 제자를 대표하는 베드로, 야고보, 요한을 데리고 높은 산에 올라가신다. 그곳에서 영광스러운 모습으로 변화하셔서 구약성경의 율법서와 선지서를 대표하는 두 인물인 모세, 엘리야와 대화를 나누신다. 아마도 예수는 자신의 고난과 죽음에 대한 이야기를 듣고 의기소침해 있는 제자들에게 부활 이후의 영광스러운 모습을 미리 보여 주신 것 같다. 그리고 이 모습을 통해, 반드시 부활이 있으리라는 점을 확신하게 해 주셨던 것 같다.

이 장면을 보고 베드로가 예수를 향해 "주께서 원하시면 내가 여기서 초막 셋을 짓되 하나는 주님을 위하여, 하나는 모세를 위하여, 하나는 엘리야를 위하여 하리이다"라고 말하면서, 예수를 모세와 엘리야와 동급으로 간주한다. 그때 구름 속에서, "이는 내 사랑하는 아들이요, 내 기뻐하는 자니, 너희는 그의 말을 들으라"라는 음성이 들린다. 모세와 엘리야가 이스라엘 역사에서 중요한 인물이기는 하지만 오직 예수만이 하나님의 아들이며, 오직 예수만이 십자가에서의 죽음을 통해 하나님이 원하시는 구원 역사를 이루실 분이므로, 예수만 따르라는 것이다. 예수께서는 자신의 죽음 후에 영광이 있을 것을 가르쳐 주려고 이 장면을 보여 주셨는데 제자들은 예수의 고난과 죽음에 대한 이야기는 잊어버리고 현재의 영광스러운 모습에 안주하려고 한다. 그래서 주님의 말씀을 청종하라는 음성이 하늘로부터 주어진 것이다.

제자들을 대표하는 세 제자도 예수께서 가셔야 하는 고난의 길을 이해하지 못한다. 그들은 현실에 집착하고 안주하느라, "십자가 없이는 영광도 없다"(No cross, no crown!)는 사실을 깨닫지 못한다. 영광 속에서 고난을, 고난 가운데서 영광을 볼 수 있는 믿음의 눈이 없다. 그들의 실수가 성경에 기록된 것은 제자의 길을 걸어가려는 자들에게 교훈을 주기 위함이다. 그리고 예수를 어떤 분으로 알고 있는지, 하나님이 예수를 고난의 메시아로 보내신 이유를 깨달았는지, 예수의 제자로서 영광을 보기 전에 먼저 십자가의 길을 걸어갈 각오를 했는지 점검하게 해 준다.

(10) 귀신 들린 아이를 고치고, 성전세를 내시다(17:14-27)

17장에서는 '변화산에서의 영광스러운 예수의 모습과 현실 세계에서의 고통스러운 모습', '절망적인 상황에 처한 아버지와 병든 아들과 절망적인 상황을 해결하시는 능력의 주님', '겨자씨만 한 믿음도 없는 제자들과 산을 옮길 수 있는 믿음을 가지신 예수'가 날카롭게 대조된다. 예수께서 세 제자와 동네로 내려오시자마자, 귀신 들려 심한 간질로 고생하는 아들을 둔 한 남자가 예수를 찾아온다. 그가 이미 다른 제자들에게 아들을 고쳐 달라고 했지만 제자들에게는 그러한 능력이 없었다. 예수께서 그 아들을 즉시 고쳐 주신다. 제자들이 왜 자신들은 그 아이를 고칠 수 없었느냐고 묻자, 예수께서 그들의 믿음이 작기 때문이라고 하시며, 겨자씨 한 알만 한 믿음이 있다면 산도 옮길 수 있다고 말씀하신다.

믿음은 하나님에 대한 절대적인 신뢰다. 나는 힘이 없고 무능하지만, 하나님은 모든 것을 하실 수 있음을 확신하고, 하나님의 능력을 전적으로 의지하는 것이 믿음이다. 믿음은 하나님의 역사를 일어나게 하는 통로다. 나는 병을 고칠 수 없지만 하나님께서는 능히 고칠 수 있음을 확신하고 하나님을 절대적으로 의지하는 것이다. 믿음은 하나님의 시간, 하나님의 공간을 우리 삶 안에 기꺼이 허락해 드리는 우리의 겸손한 자세다. 고난을 받을지라도, 심지어 죽음을 당할지라도, 그것이 하나님께서 요구하시는 일이라면 이를 피하지 않고 받아들이는 능동적인 자세다. 고난 가운데서도, 죽음의 고통 가운데서도 절망하지 않고, 하나님의 간섭과 보호와 승리를 확신하는 것이다.

예수께서는 이러한 믿음을 가지고 계셨다. "인자가 장차 사람들의 손에 넘겨져 죽임을 당하고 제삼일에 살아나리라"(17:22-23). 죽음이 하나님과 자신을, 자신과 제자들을 영원히 갈라놓을 수 없음을 알고 계셨다. 하지만 제자들은 이러한 믿음을 가지지 못했다. 그래서 예수께서 고난을 받고 죽으신다고 말씀하시자 매우 근심한다. 인간적인 걱정과 불안에 휩싸여서 하나님의 역사를 보지 못한다. 예수의 죽음이 끝이 아님을, 죽음 뒤에 반드시 부활이 있다는 사실을 알지 못한다. 죽음이 끝이 아니며, 우리를 궁극적으로 갈라놓을 수 없음을, 죽음 뒤에 반드시 부활이 있다는 것을 확신하는 이것이 바로 기독교 믿음의 심장이다.

예수께서 가버나움에 가셨을 때에 성전세를 받으러 다니는 사람들이 베드로에게 와서 당신의 선생님은 왜 성전세를 내지 않느냐고 항의한다. 반 세겔을 바치는 이 성전세는 일종의 '속죄전'으로, 20세 이상의 남자 유대인들이 1년에 한 번씩 의무적으로 내는 돈이었다. 이 성전세는 성전에서 매일 드리는 희생제사 때 사용되었다(출 30:13; 대하 24:9). 사실 예수 자신이 새로운 성전이시고, 유일한 희생제물이시고, 자신을 친히 하나님께 희생제물로 드릴 것이기 때문에 성전세를 내실 필요가 없었다. 그러나 아직은 자신을 제물로 바치지 않았고, 기존의 성전과 희생제사가 유지되고 있었기 때문에, 예수께서는 베드로에게 낚시를 해서 물고기 입에 들어 있는 한 세겔을 가져다가 성전세를 바치라고 하신다. 이와 같은 예수의 태도는 하나님 나라의 백성이자 동시에 현재 이 세상 나라에서 살고 있는 우리에게 세상에서의 불필요한 마찰을 피하기 위해서는 이 나라의 의무도 지켜야 함을 가르쳐 준다.

(11) 교회 생활에 대한 설교(18:1-35)

마태복음 18장은 5-7장의 산상 설교, 10장의 제자 파송 설교, 13장의 천국 비유 설교에 이어 네 번째인 교회 생활에 대한 설교다.

처음에 나오는 내용은 천국에서 누가 큰 자인가 하며 다투는 제자들을 향한 가르침이다. 예수가 하나님께서 보내신 메시아이며, 그 메시아를 통해 천국, 곧 하나님의 나라가 도래할 것을 알게 된 제자들이 예수께 찾아와, 천국에서는 누가 큰 자인지 묻는다. 아마도 그들은 서로 시기와 경쟁을 하고 있었던 것 같다. 예수는 어린아이들처럼 자신을 낮추지 않으면 천국에 들어가는 것 자체가 불가능하다고 말씀하신다. 진정으로 천국에 들어가기를 원한다면, 그리고 그 천국에서 큰 자가 되기를 바란다면, 어린아이처럼 자신을 낮추라는 것이다.

이처럼 세상의 나라와 하나님의 나라 사이에는 근본적인 차이점이 있다. 세상의 나라에서는 자신을 자랑하거나 드러내야 출세할 수 있다. 무조건 양보하거나 자신을 낮추면 무능력자나 소극적인 사람으로 취급받는다. 출세의 길도 막히고 외톨이가 될 수도 있다. 하나님의 나라에서는 그렇지 않다. 오히려 그 반대다. 자기를 낮추는 자가 천국에 들어가고, 자기를 낮추는 자가 높아진다. 섬김을 받는 자가 아니라 도리어 섬기는 자가 상급을 받는다. 예수께서는 어린아이들을 실례로 들어, 교회 생활에서 자신을 낮추는 겸손한 자세가 얼마나 중요한지 교훈하신다.

두 번째로 나오는 내용은 잃어버린 양을 찾는 목자 이야기다. 이 이야기에서는 성도 한 사람 한 사람이 얼마나 중요한 존재인지 알려 준다. 교회 안에서도 다툼과 시기와 분쟁, 갈등 등 여러 가지 문제가 일어난다. 어머니 교회로 간주되는 예루살렘 교회에도 적지 않은 문제가 있었고, 초대 교회 중 가장 다양한 영적 은사를 받았던 고린도 교회도 역시 그러했다. 그러다 보니 상처를 받고, 교회 생활을 중단하거나 낙심이 되어 예배에 불참하는 교인들도 있었다. 예수는 잃어버린 양의 비유를 설명하시면서 하나님께서는 교인 중에 그 어떤 사람도, 즉 작은 어린아이와 같은 자도 잃어버리기를 원하시지 않는다고 말씀하신다. 오늘날 이 땅에 세워진 많은 교회에서는 부자나 권력을 가진 자들에게 큰 관심을 보이고, 반면에 무식하고 가난하고 병들고 약한 교인들에게는 무관심한 경우가 많다. 이것은 하나님의 뜻이 아니다. 하나님께서는 작은 자 한 명까지도 귀하게 여기신다. 교회는 이와 같은 하나님의 심정으로 성도 한 명 한 명을 대해야 한다.

교회 생활과 관련하여 겸손과 성도 한 사람의 중요성을 가르쳐 주신 주님께서 이번에는 죄를 범한 교인이 있을 때 어떻게 해야 할지 교훈하신다. 예수는 그를 교회 안에 그대로 있게 해서는 안 된다고 지적하신다. 교회는, 비록 지상에 위치하고 있으며, 다양한 문제가 발생하더라도, 근본적으로는 하나님 백성의 거룩한 공동체이기 때문이다. 따라서 교회 안에는 죄가 방치된 채 있어서는 안 된다. 그 죄가 전 공동체를 오염시킬 수도 있다. 예수께서는 교인 중에 누가 죄를 범했다면 사방에 소문을 내지 말고, 조용히 그를 찾아가서 회개하기를 권고하라고 말씀하신다. 만약 그가 권고를 듣지 않으면 다음 단계로 두세 사람의 증인을 데리고 가서 다시 권면해야 한다. 그래도 듣지 않으면 그다음 단계로 교회에 알리고, 교회가 공적으로 권면해야 한다. 또 듣지 않으면 이제 그를 이방인과 세리와 같이 여기면 된다. 그를 출교하는 것이다.

네 번째로 나오는 가르침은 용서에 대한 내용이다. 베드로가 "형제가 내게 죄를 범하면 몇 번이나 용서하여 주리이까"라고 묻자 예수께서 무한대의 용서를, 곧 따지지 말고 무조건 용서해 주어야 한다고 대답하신다. 이를 설명하시고자 일만 달란트와 일백 데나리온 빚진 자의 비유를 드신다. 이 이야기는 3막으로 구성되어 있다. 1막은 임금에게 일만 달란트(적어도 백억 이상)의 빚을 진 신하가 자비를 요청하여 그 빚을 탕감받는 내용이다. 2막에서는 그 신하가 자신에게 일백 데나리온(약 천만 원)의 빚을 진 동료를 옥에 가둔다. 3막에서는 이 사실을 알게 된 임금이 그 신하를 불러서 책망하고 빚을 갚을 때까지 옥에 가둔다. 임금이 신하에게 하는 말을 들어보라: "악한 종아, 네가 빌기에 내가 네 빚을 전부 탕감하여 주었거늘 내가 너를 불쌍히 여김과 같이 너도 네 동료를 불쌍히 여김이 마땅하지 아니하냐?"(18:32-33) 신하에 대한 임금의 용서는 그 신하가 동료를 용서하는 것을 반드시 필요로 하는 용서다. 그러나 그 신하는 두 용서를 별개로 생각한다. 결국 그는 빚을 다 갚을 때까지 감옥에 갇혀 있어야 하는 비참한 결과를 맞고 말았다.

우리가 하나님 앞에서 진 죄는 일만 달란트처럼 매우 크고 깊고 많지만, 동료가 나에게 잘못한 일은 아무리 많더라도 일백 데나리온에 지나지 않는다. 하나님께서 우리의 엄청난 죄를 무조건적으로 다 용서해 주셨기에 우리 역시 동료의 죄를 다 용서해 주어야 한다. 악한 신하가 동료의 빚을 탕감해 주지 않았다는 것은 임금께 받은 용서의 의미를 제대로 깨닫지 못했음을 보여 준다. 이 비유는 하나님께 용서받는다는 것이 무슨 의미인지, 그리고 천국이 어떤 특징을 가진 나라인지 가르쳐 준다. 우리에 대한 하나님의 용서는 처음부터 우리가 남을 용서하는 것을 포함하는 창조적인 용서다. 그러므로 하나님께 받은 용서가 우리의 새로운 삶을 통해서 반영되지 않는다면, 그것은 우리가 아직 하나님의 용서를 진정으로 깨닫지 못한 것이다.

(12) 이혼 문제 제기(19:1–12)

오늘 우리 사회에서는 이혼으로 많은 가정이 해체되고 있다. 이러한 문제가 예수 당시 유대 사회에서도 일어나고 있었다. 그 당시는 남성 우위의 가부장적 사회였기 때문에 이혼 문제도 남성 편의대로 처리했다. 유대인 남자들은 신명기 24:1에 나오는, 아내에게서 "수치되는 일"을 발견하면 그 아내와 이혼할 수 있다는 문구를 남용하여, 성적 부정과 질병은 물론, 얼굴이 예쁘지 않다거나 음식을 못하는 것도 이혼 사유에 넣어서 이혼을 자행했다. 바리새인들이 예수를 찾아와 이 문제에 대해 의견을 묻는다. 예수는 하나님께서 인간을 남자와 여자로 창조하시고, 결혼 제도를 통해 그들로 한 가정을 이루게 하셨기 때문에, 이혼은 하나님이 세우신 원래의 결혼 제도와 배치되는 일이라고 대답하신다. 모세가 이혼을 허락했지만, 이혼 사유에 해당하는 "수치되는 일"도 성적 부정에 한정한 것을 강조하시며, 무분별하게 가정을 깨는 이혼을 분명하게 금지하신다. 부부간에 실수하고 잘못한 일은 서로 이해하고 용서해 주어야 한다. 상대가 하나님의 형상대로 창조되었음을 잊지 말고 존중해 주어야 한다. 그리고 불가피한 사정으로 이혼당한 자들이 있다면 정죄하거나 따돌리지 말고 그들도 우리와 같이 연약한, 한 사람으로 여기고 사랑하고 도와주어야 한다.

예수께서 강조하시는, 결혼의 신적 기원과 가정의 신성함과 남자와 여자의 동등성은 시대와 문화를 초월하는 개념이다. 일부다처제나 동성 간의 결혼은 하나님께서 세우신 본래의 결혼 제도에 반한다. 결혼이라는 것은 모든 사람이 반드시 따라야 할 법은 아니다. 예수께서는 천국을 위하여 독신으로 지내는 이들도 있다고 하시면서 하나님의 나라가 도래한 새 시대에서는 결혼 제도조차 절대화될 수 없다고 하신다. 그러나 우리가 이 땅에서 살아가는 한 하나님께서 세우신 결혼 제도는 존중되어야 하며, 결혼 생활의 신성함도 지켜져야 한다.

(13) 천국 백성의 조건(19:13-20:16)

이 세상에서 예수의 제자로 살아간다는 것은 결코 쉽지 않다. 제자들은 어린아이처럼 살아가야 한다. 고대 그리스-로마 사회처럼, 예수 당시의 유대 사회도 철저한 가부장적 사회였기에 여성과 아이들의 인권은 존중받지 못했고, 인구수를 셀 때도 제외되었다(14:21). 그러나 예수께서는 그들에게 각별한 관심을 기울이신다. 그들도 하나님의 형상으로 지음받았으며, 성인 남성과 똑같이 하나님의 구원과 사랑이 필요한 하나님의 백성이다. 예수는 아이들을 무시하는 제자들을 책망하면서 어린이들이야말로 천국에 들어갈 수 있는 모범이 된다고 강조하신다.

그리고 제자들은 물질에 초월해서 살아가야 한다. 어느 날 부자 청년이 예수께 찾아와 자신이 십계명의 모든 내용을 잘 지키고 있다고 자부하면서, 무엇을 더 지켜야 하는지 여쭈어 본다. 예수께서 온전한 자가 되기를 원한다면 두 가지를 지키라고 말씀하신다. 하나는, 재물을 팔아 가난한 자들에게 나누어 주는 것이고, 다른 하나는, 예수 자신을 따르라는 것이다. 그 청년은 주위에 가난한 사람들이 많았는데도 재물에 대한 욕심이 커서 그들을 외면하며 살아왔던 것 같다. 그가 진정으로 하나님을 사랑했다면, 진정으로 이웃을 사랑하라는 하나님의 계명을 지키려고 했다면, 재물에 연연하지 않았을 것이다. 예수께서 그의 허를 찔러, 재물을 포기하고 자신을 따르라고 명령하신다. 사람은 자기가 가진 것보다 더 소중한 것을 발견하면 그 가진 것을 포기할 수 있다. 부자 청년에게 자신을 따를 것을 요구하신 것은 그것이 재물보다 더 귀하고 중요하기 때문이다. 그에게 새로운 인생관·세계관·신앙관을 가질 수 있는 기회를 주신 것이다. 누구든지 하나님보다 지식과 재물, 명예, 친구, 가족들을 더 사랑한다면, 예수의 참제자가 될 수 없다.

사람은 재물이 많으면 많을수록 재물을 모으는 것에 더 집착해서 재물의 노예가 되기도 한다. 그래서 재물 때문에 부모와 자식이 싸우고, 형제간에 다툼이 일어나고, 친구들끼리 의가 상한다. 예수는 부자가 천국에 들어가는 것이 낙타가 바늘귀로 들어가는 것보다 더 어렵다고 말씀하신다. 그렇지만 아예 불가능하다는 뜻은 아니다. 사람은 할 수 없으나 하나님께서는 다 하실 수 있다. 부자도 얼마든지 구원을 받을 수 있다. 구원 여부는 전적으로 하나님께 달려 있다.

성경은 재물 그 자체를 부정적으로 바라보지 않는다. 지식과 명예도 마찬가지다. 지식, 명예, 재물 모두 그것에 집착할 때 문제가 된다. 그것들이 우상이 되어 버리는 것이다. 지식과 명예, 재물을 내 욕심을 채우는 수단이 아니라 남을 도와주고 봉사하며 복음을 전하고 선한 일을 하는 데 필요한 수단으로 삼을 때 그것들이 하나님께 받은 귀한 선물이 된다. 그렇다면 예수를 따르기 위해 내가 가진 모든 것을 포기했을 때 나는 무엇을 얻을 수 있을까? 예수께서는 우리가 이스라엘의 열두 지파를 심판하는 권한을 받고, 영생을 상속하게 될 것이라고 약속하신다. 여기서 분명하게 알아야 할 점은 이 권한과 약속이 재물 포기에 대한 보상이 아니라, 하나님의 은혜의 선물이라는 것이다. 그러므로 하나님의 세계에서는 먼저 된 자가 나중이 되고, 나중 된 자가 먼저 될 수 있다. 우리가 가진 모든 것은 하나님께 받은 것이고, 우리가 그것들을 포기할 수 있는 것도 하나님의 은혜이기 때문에 우리는 하나님 앞에서 항상 겸손할 수밖에 없다.

유대인들은 하나님을 위해 선한 일을 하면 그에 합당한 보상을 하나님께 당연히 받을 수 있다고 여겼다. 그리고 잘못을 저질렀더라도 그보다 더 큰 선한 일을 하면 그 잘못이 다 상쇄된다고 생각했다. 심지어 영생과 구원의 축복을 받고, 하나님의 나라에 들어가는 일도 자신이 율법을 지키는 행위에 달려 있다고 생각했다. 제자들 역시 이와 같은 공로주의 사상으로부터 완전히 자유롭지는 못했다. 우리가 하나님을 위해 무슨 일을 할 때 그에 대한 하나님의 축복을 기대하는 것 자체가 나쁘다고 말할 수는 없다. 하지만 내가 노력해서 공로를 쌓은 것만큼 그에 비례하는 축복을 하나님께 당연히 요구할 수 있다고 생각한다면, 그 축복은 하나님이 주시는 은혜의 선물이 아니라 내가 마땅히 누려야 할 권리가 되고 만다.

예수께서는 공로주의나 율법주의에 빠지는 것을 경계하시면서 포도원 품꾼들에 관한 이야기를 들려주신다. 한 데나리온을 받기로 하고 고용되어 종일 일한 품꾼들은 1시간만 일하고 한 데나리온을 받은 품꾼들과 자신들을 비교하여 주인에게 불만을 털어놓는다. 주인은 계약대로 삯을 주었기 때문에 자신은 아무 잘못이 없고, 1시간만 일한 자들에게 한 데나리온을 준 것은 자신의 선한 뜻이라고 밝힌다. 종일 일한 품꾼들이 주인에게 불평한 것은 약속된 임금을 받지 못했기 때문이 아니라, 조금밖에 일하지 않은 다른 품꾼들이 자기들과 똑같은 삯을 받은 것이 못마땅했기 때문이다.

이 이야기는 우리가 아무리 선한 일을 많이 했을지라도, 그만큼 하나님께 상급을 요구하는 것은 잘못된 일임을 가르쳐 준다. 그리고 하나님께서 내게 주신 것은 내가 일한 대가가 아니라 전적으로 하나님의 은혜의 선물임을 알려 준다. 그렇다. 구원과 영생, 하나님의 나라는 우리가 노력해서 얻을 수 있는 것이 아니라 하나님이 우리에게 값없이 주시는 은혜의 선물이다. 우리의 헌신은 공로를 얻기 위함이 아니라 이미 받은 하나님의 은혜에 대한 감사이며 응답의 표현이다.

(14) 제자들의 자리다툼, 예수의 두 맹인 치유(20:17–34)

사람은 누구나 자신이 태어나고 자라 온 문화와 관습에서 벗어나기가 어렵다. 예수의 제자들도 그러했다. 오랫동안 예수와 함께 생활하며, 예수께 공로주의에 사로잡힌 인생관·세계관·신앙관을 따르지 말라는 가르침을 계속해서 받았지만 그것을 완전히 버리지는 못한다. 그리고 예수께서 예루살렘에서 겪을 자신의 수난과 죽음을 거듭 말씀하셨지만, 제자들은 그것이 무슨 의미인지 올바르게 이해하지 못한다. 오히려 예수의 예루살렘 입성을, 유대인들이 기대했던 대로, 세상적인 왕권을 쟁취할 기회로 여긴다. 이러한 맥락에서, 야고보와 요한의 어머니가 예수를 찾아가 자신의 두 아들에게 좋은 벼슬자리를 달라고 소위 인사 청탁을 한 것이다. 이 일로 인해 제자들 사이에서 다툼이 일어난다. 그들은 예수께서 선포하신 천국과 십자가에서의 죽음을 전혀 이해할 수 없었다. 천국은 공로로 얻을 수 있거나 논공행상의 대상이 아니다. 예수의 수난과 죽음이 가져올 천국은 세상적인 나라가 아니다. 그래서 예수께서는 천국과 자신의 죽음에 대하여 더 구체적으로 설명해 주신다.

천국은 세상의 지배 원리와 정반대로 움직인다. 세상에서는 지배자가 출세한 자이고, 피지배자는 힘없는 자들로 간주되지만, 천국에서는 지배하려는 자는 더 낮아지고, 자신을 낮추는 자는 더 높아진다. 제자들이 포도원 품꾼들의 이야기를 듣고도 깨닫지 못하자 예수께서 자신의 삶과 죽음을 모델로 삼아 더 깊고 강력한 교훈을 주신다. 예수가 세상에 오신 것은 세상을 지배하기 위함이 아니라 도리어 섬기시기 위함이며, 인류가 죄와 사탄의 지배에서 벗어나도록 인류의 죄를 대신하여 속죄물로 바쳐지시기 위함이다. 그러므로 제자들의 삶의 자세도 예수와 같아야 한다. 그렇다. 하나님의 나라는 이 세상 나라와 다르다. 스스로를 낮추고 남을 섬기는 자가 높임을 받는다. 천국은 이렇게 살아가는 자들에 의해 확장된다.

우리는 무엇을 구하며 예수께 나아가야 하는가? 예수께 나아갈 때는 어떠한 자세를 가져야 하는가? 부자 청년은 영생을 얻으려는 목적으로 예수를 찾아갔다. 그러나 그는 재물을 포기할 수 없어서 영생을 주시는 예수를 따르지 못했다. 야고보와 요한의 어머니는 자식들을 높은 자리에 앉히고 싶어서 예수를 찾아갔다. 이와 대조적으로, 20:29부터 나오는 두 시각 장애인은 눈을 뜨고자 하는 간절한 목적을 가지고 예수를 만났고, 그 소원을 정확하게 전달함으로써 예수께 고침을 받는다.

그들은 여리고에서 예수가 지나가신다는 소리를 듣자마자 "주여, 우리를 불쌍히 여기소서. 다윗의 자손이여"라고 외친다. "다윗의 자손"이 메시아를 가리키는 호칭이었다는 점을 고려한다면, 두 맹인은 예수를 메시아로 생각했고, 그 예수께서 자신들의 눈을 뜨게 해 주시리라는 믿음이 있었음을 알 수 있다. 이사야 42장에서 예언하듯이, 메시아의 중요한 사역 중 하나가 눈먼 자들의 눈을 밝혀 주신다는 것임을 알고 예수를 소리쳐 부른 것이다. 무리의 질책에도 개의치 않고 그들이 예수를 향해 거듭 "우리를 불쌍히 여기소서. 다윗의 자손이여"라고 외치자 예수께서 걸음을 멈추고 그들을 부르신다. "너희에게 무엇을 하여 주기를 원하느냐?"(20:32) 두 맹인은 생계를 위한 몇 푼의 돈을 구걸하지 않는다. 자기들에게 가장 필요한 것, 곧 눈을 뜨기를 원한다고 대답한다. 예수께서 그들을 불쌍히 여기셔서 그들의 눈을 뜨게 해 주신다. 예수가 누구인지 제대로 알고, 자신들에게 가장 절실한 필요를 예수께 요청하자 예수께서 그것을 들어 주신다. 그들은 눈을 뜬 후 예수를 따르는 제자가 된다. 예수께 은혜를 받자마자 그에 합당한 응답을 한 것이다. 우리 역시 가장 절실하게 필요한 것을 예수께 받았다. 죄 사함과 새로운 생명을 얻었다. 그렇다면 새 생명을 주신 그분을 믿고 따르는 것은 당연한 일이다.

6. 지도자들을 향한 심판 선언(21:1-23:39)

13장의 천국 비유를 기점으로, 예수의 설교를 듣는 청중은 예수를 믿고 따르는 "너희" 그룹과 사사건건 예수를 조롱하고 비난하는, 그래서 천국의 축복을 받지 못하는 "그들" 그룹으로 나뉜다. 예수께서는 "너희" 그룹을 특별히 돌보시고, 그들의 믿음을 일깨워 주시고, 그리고 그들에게 예수 자신의 진정한 신분을 알려 주신다. 자신이 영광의 메시아가 아니라 백성의 죄를 구속하기 위해 수난과 죽음을 당해야 하는 고난의 메시아라고 알리신다. 그리고 죽은 후 삼일만에 부활하신다는 사실도 분명히 밝히신다. 그분은 수난과 죽음을 통해 영광스러운 모습으로 변화될 것이다. 그렇게 함으로써 예수를 믿고 따르는 제자들이 걸어가야 할 길을 보여 주신다. "그들" 그룹은 점점 더 심하게 예수를 비판하고 모함함으로써 예수의 적대자라는 자신들의 정체성을 노골적으로 드러낸다. 나아가, 예수를 죽일 구실을 찾으려고 애쓴다. 이제 예수께서는 예루살렘 성에 들어가셔서 그동안의 소극적인 방어에서 벗어나 적극적으로 그들의 도전에 대응하신다. 그리고 성전 청결 사건과 악한 포도원 농부들의 비유 등을 통해 정치·종교 지도자들에게 화와 심판을 선언하신다.

(1) 예루살렘 입성과 성전 청결 사건(21:1-17)

예수께서 두 맹인에게 "다윗의 자손"으로 불리셨다는 것은 유대 민족에게 예수가 메시아라고 상당히 널리 알려졌음을 암시한다. 예수는 다윗 성으로 불리던 예루살렘 성에 의도적으로 어린 나귀 새끼를 타고 입성하심으로써 스가랴 선지자의 예언을 성취하신다(슥 9:9). 예수를 메시아로 알고 따르는 무리가, "호산나 다윗의 자손이여, 찬송하리로다. 주의 이름으로 오시는 이여, 가장 높은 곳에서 호산나"(21:9)라고 외친다. 예수는 이들이 외치는 것을 제지하지 않으신다. 그 외침은 예수가 다윗의 자손으로 오신 메시아이며, 이제 예루살렘 성에 들어가서, 다윗 왕이 찬란한 왕국을 세운 것처럼, 그러한 왕국을 세우실 것이라는 기대감의 표현이었다.

그러나 예수께서는 무리가 기대하던 일을 하려고 입성하신 것이 아니었다. 백성은 모세와 같은 민족의 해방자, 다윗 임금처럼 강대국을 이루게 하는 지도자의 모습을 기대하고 예수를 향해 호산나를 외쳤지만, 예수께서는 하나님의 뜻을 따라 이스라엘 백성을 죄와 어둠의 권세에서 해방시키고, 하나님 나라의 백성으로 만들기 위해 스스로 십자가에서 죽으려고 입성하셨다. 예수가 다윗의 후손이자 왕으로 이 세상에 오신 것은 맞지만, 이스라엘을 로마로부터 해방시켜서 정치적 자유와 경제적 부를 가져다줄 세속적인 목적을 달성하려고 오신 것은 아니었다. 이스라엘과 인류를 지배하는 죄와 어둠의 권세가 너무나 커서, 예수 자신의 죽음이 아니면 백성이 하나님의 나라로 들어올 수 없음을 아시고, 자신의 생명을 그 대가로 치르기 위해 오셨다. 그것이 바로 하나님께서 선지자들을 통해 예언하셨던 참된 메시아의 길이다. 예수는 그 길을 피하지 않고 예루살렘 성으로 들어가신다. 이후의 예수의 모든 언행은 이와 같은 관점에서 바라보아야 제대로 이해할 수 있다.

예수께서는 입성 후 첫 번째 일로, 성전을 청결하게 하신다. 예루살렘 성전은 유대인들의 종교 의식과 신앙생활의 중심에 자리를 잡고 있었다. 오래전부터 성전은 이스라엘의 야훼 하나님이 백성 가운데 거하시고, 통치하시는 거룩한 장소로 간주되어 왔다. 이 성전에서 드리는 희생제사, 예배, 축제 행사 등을 통해서, 야훼 하나님과 백성이 만나고, 하나님의 은총이 언약 백성에게 주어지며, 사죄를 받아 언약 백성으로서의 신분이 회복되고 성결이 유지되며, 메시아와 하나님 나라의 약속이 대대로 계승된다.

예루살렘 성전은 유대인들의 신앙과 삶의 중심이었기 때문에, 유대 나라를 통치하던 로마 제국까지도 이 성전의 존엄성을 인정할 정도였다. 그런데 예수께서 유월절 절기에, 이 신성불가침의 장소인 성전에 들어가서, 뜰 안에 설치해 놓은 돈 바꾸는 상을 뒤엎어 버리고, 제사를 위해 사고파는 짐승들과 모든 사람들을 채찍을 가지고 다 쫓아내 버리신다. 환전과 짐승의 매매는 성전 제사에 없어서는 안 되는 필수적인 요소로, 성전 당국자들이 합법이라고 인정했기 때문에 이를 반대하는 것은 하나님께 제사 드리는 행위 그 자체를 반대하는 것은 물론, 그 성전을 유지하고 관리하는 지도층까지 공격하는 위험한 행위였다.

예루살렘 성전의 희생제사는 정치·종교 지도자들의 부(富)를 축적하게 해 주는 중요한 재원이었다. 성전 뜰에서 매매하는 짐승의 값은 시중보다 서너 배 이상 비쌌다. 성전 뜰에서 파는 짐승만이 정결하다고 지도자들이 주장했기에 일반 백성은 어쩔 수 없이 높은 가격을 치르고 살 수밖에 없었다. 지도자들은 친인척을 매매상과 환전상으로 세워서 거기서 생기는 막대한 수익을 챙겼다. 이처럼 성전은 정치·종교 지도자들의 부패와 치부의 온상이었다. 그러므로 예수의 행동은 부패를 척결하는 종교 개혁자의 모습이라고 볼 수 있다. 하지만 종교 개혁자나 혁명가의 모습이라고만 한정할 수는 없다.

한 걸음 더 나아가, 오염되고 부패한 옛 성전 시대가 물러가고, 예수를 통해 거룩하고 신령한 새 성전 시대가 온다는 점을 상징적으로 알려 준다. 예수 자신이 속죄물이 되어 인간과 하나님을 만나게 하는 새 성전이 되실 것이므로, 짐승을 바치는 기존의 예루살렘 성전은 이제 역사의 무대에서 사라져야 한다는 것이다. 그리고 부패한 정치·종교 지도자들이 활동하던 주 무대를 근원적으로 비판한다. 이처럼 성전에서의 예수의 행위는, 나단 선지자가 다윗 왕에게 예고한 것처럼(삼하 7:12-13), 자신이 하나님의 새로운 집을 지을 사명을 부여받은 하나님의 아들이라는 인식과, 더 이상 짐승의 희생제사가 필요 없는, 손으로 짓지 않은 새로운 성전을 짓기 위해서 그 자신이 야훼의 종으로서 속죄 제물로 바쳐져야 한다는 사명 인식에서 비롯되었다. 예수께서는 성전을 청결하게 하시는 이 상징적인 행동을 통해, 예루살렘 성전이 자신의 죽음으로 세워질 새로운 성전, 곧 성령의 전인 하나님의 백성 공동체로 대체될 것을 내다보셨다. 바로 뒤에 나오는, 저주받은 무화과나무도 열매가 없는 당대 유대교의 성전시대의 종결을 보여 준다.

(2) 심판을 선언하시다(21:18–22:14)

예수께서 다음 날 다시 예루살렘 성에 들어오면서 열매 없는 무화과나무를 보고 그 나무를 저주하신다. 이것 역시 이스라엘의 종교 지도층을 비판하시는 상징적인 행위다. 성전에 들어가시자, 예수를 반대하는 이들인 대제사장들과 장로들이 예수께 찾아와, 무슨 권세로 성전 제사를 방해하는 행동을 했는지 따지듯이 묻는다. 예수는 직접적으로 답하지 않으시고 두 아들 비유를 들려주심으로써 그들의 위선과 불신앙을 책망하고 경고하신다. 큰아들은 아버지께 말로만 순종하겠다고 해 놓고 실제로는 순종하지 않는다. 둘째 아들은 순종하지 않겠다고 말했지만 나중에 뉘우치고 아버지 말씀에 순종한다. 예수는 세리와 창녀를 둘째 아들로 표현하심으로써, 큰아들이 바로 대제사장들과 장로들을 가리키고 있음을 암시하신다. 그들이 종교 지도자들이라고 자처하지만, 실제로는 하나님의 말씀에 불순종하는 자들이라는 것이다.

예수께서 비유 하나를 더 말씀하신다. 한 주인이 포도원을 만든 다음 농부들에게 세를 주고 타국으로 떠난다. 세를 받으려고 자신의 종들을 농부들에게 몇 차례 보냈는데 농부들이 그때마다 종들을 때리고 죽인다. 마지막으로, 주인이 사랑하는 아들을 보냈지만 농부들은 그 아들마저도 포도원 밖에서 죽인다. 이에 포도원 주인이 대노하여 악한 농부들을 멸하고, 성실한 다른 농부들을 세운다. 예수께서는 포도원 주인의 아들처럼 자신이 악한 농부들에 의해 죽게 될 것을 아시고, 대제사장들과 바리새인들을 향해 하나님의 무서운 심판을 받으리라고 예언하신다. 그들은 비유에 나오는 악한 농부들이 자신들을 가리킨다는 것을 깨달았지만 이를 불순종과 잘못을 회개하는 기회로 삼기는커녕 이 일을 계기로 예수를 죽이려고 본격적인 계획에 착수한다. 그들은 회개의 기회를 거부함으로써 심판과 멸망을 자초한다. 이처럼 예수는 자신을 영접하는 자에게는 구원을, 반대로 대적하고 배척하는 자에게는 심판을 내리신다.

예수께서 비유를 또 말씀하신다. 한 임금이 아들의 혼인 잔치를 베풀어 여러 계층의 사람들을 정식으로 초청한다. 하지만 사람들이 이런저런 핑계를 대면서 잔치에 오기를 싫어한다. 심지어 임금이 보낸 종들을 죽이기까지 한다. 임금이 군대를 보내어 그들을 다 진멸하고 동네를 불살라 버린다. 그리고 종들에게 길거리에서 만나는 사람들을 다 청하여 잔치 자리를 채우라고 명령한다. 많은 사람이 왔는데 그중 잔치 참석에 합당한 예복을 입지 않은 사람이 있었다. 임금은 그를 꾸짖고 쫓아내 버린다.

혼인 잔치에 초청받은 사람들이 그 초청을 거절했기에 길거리의 모든 사람에게로까지 초청이 확대되었다. 이스라엘의 여러 계층 사람들이 천국으로 들어오라는 예수의 초청에 응하지 않았기 때문에 이 초청이 지역과 인종과 문화의 경계를 뛰어넘어 모든 인류에게로 확대되었다. 따라서 이제 누구든지 예수의 초청에 응할 수 있다. 실제로 수많은 사람이 이 초청에 응답하고 있다. 여기서 한 가지 눈여겨볼 점은 초청이 모든 사람에게 확대되었다고 해서, 천국에 들어갈 예복을 입지 않아도 된다는 것은 아니라는 점이다. 잔치 참석에 걸맞지 않은 옷을 입은 자는 축출되고 만다.

예수는 이미 산상 설교에서 "주여 주여 하는 자마다 다 천국에 들어갈 것이 아니요. 다만 하늘에 계신 내 아버지의 뜻대로 행하는 자라야 들어가리라"(7:21)라고 말씀하셨다. 천국으로 오라는 초청은 모든 사람에게 열려 있고, 누구든지 그 초청에 응할 수 있지만, 천국 잔치를 누릴 축복은 합당한 예복을 입은 자만이 받을 수 있다. 여기서 "예복"은 잔치에 참여할 자가 마땅히 갖추어야 할 삶의 자세, 이를테면 예수의 말씀에 대한 순종을 가리킨다. 우리가 아무리 교회 생활을 오래하고, 큰 직분을 맡았더라도, 믿음에 합당한 삶, 하나님을 믿고 따르는 신앙과 행동이 일치하지 않으면 최종 심판의 자리에서 축출될 수밖에 없다.

(3) 세금, 부활, 계명, 다윗의 자손 논쟁(22:15-46)

성도는 이 세상에서 한 국가의 국민으로 살아가지만 동시에 하나님의 나라에 속한 하나님의 백성이기도 하다. 우리는 이 땅의 국가나 정부에 대해 어떤 자세를 가져야 할까? 예수를 올무에 빠뜨리려고 바리새인들이 헤롯 당원들과 결탁하여 예수를 찾아온다. 그들은 가이사에게 세금을 바치는 것이 옳은지 옳지 않은지 예수께 묻는다.

만일 옳다고 하면, 율법과 유대 민족의 정체성을 훼손하는 것이라고 트집을 잡을 것이고, 만일 옳지 않다고 하면, 헤롯당은 물론 로마 제국에 대항하는 반역자로 매도할 예정이었다. 어떻게 해서든지 예수를 곤란하게 하려고 이처럼 교묘한 질문을 한 것이다. 예수께서 가이사의 것은 가이사에게, 하나님의 것은 하나님께 바치라고 대답하신다. 여기서 예수가 하나님의 영역과 가이사의 영역을 분리한 것이 마치 종교와 정치의 영역을 분리하신 것이라고 오해해서는 안 된다. 한때 우리나라의 정치·종교 지도자 중에는 이 말씀을 이렇게 해석해서 독재 정권을 옹호하는 이들이 있었다. 이 세상에서 하나님의 영역이 아닌 곳은 한 곳도 없다. 소위 가이사의 영역으로 불리는 영역도 하나님의 주권 아래에 있으며, 하나님의 말씀의 지배를 받는 곳이다.

바리새인들과 헤롯 당원들의 술책이 실패로 돌아가자 이번에는 부활을 부인하는 사두개인들이 예수를 책잡기 위해 찾아온다. 그들은 모세가 신명기 25:5 이하에서, 형제가 자식이 없이 죽으면, 그 동생이 형의 아내와 결혼하여 낳은 아들로 하여금 형의 가계를 이어가도록 한 말씀을 실례로 들면서, 일곱 형제가 모두 첫째 형의 아내와 결혼했다면, 부활 때에 그 여자는 누구의 아내가 되느냐고 묻는다. 평소에는 부활을 믿지도 않는 이들이 예수를 시험에 빠뜨리려고 이렇게 현실성 없는 질문을 한다. 예수는 그들이 성경도, 하나님의 능력도 알지 못하고 오해한다고 하면서, 부활 때에는 하늘에 있는 천사들처럼 신령한 몸을 입기 때문에, 지상에서의 결혼 생활이 필요하지 않다고 말씀하신다. 이 세상에서의 삶과는 완전히 다른 삶이

기다린다는 것이다.

예수를 올무에 빠뜨려는 지도자들의 시도는 끝이 없다. 이번에는 율법에 정통한 한 바리새파 율법사가 예수를 찾아와 이렇게 질문한다. "율법 중에서 어느 계명이 크니이까?" 예수께서 율법을 크게 두 가지로 요약하신다. "네 마음을 다하고, 목숨을 다하고, 뜻을 다하여 주 너의 하나님을 사랑하라 하셨으니, 이것이 크고 첫째 되는 계명이요. 둘째도 그와 같으니, 네 이웃을 네 자신같이 사랑하라"(22:37-39). 율법 중의 율법인 십계명은 크게 둘로, 즉 하나님에 대한 계명(제1-4계명)과 사람에 대한 계명(제5-10계명)으로 나눌 수 있는데, 예수의 답변은 사실상 십계명 전체를 요약하는 내용이다. 하나님을 사랑하고 이웃을 사랑하라는 계명은 모든 율법의 요약이자 구약성경 전체의 강령이다. 그런데 성경에서는 이 두 강령을 서로 나누거나 분리할 수 없음을 강조한다. 하나님에 대한 수직적인 사랑과 이웃에 대한 수평적인 사랑이 실은 하나라는 것이다. 따라서 하나님을 사랑한다고 하면서 이웃을 사랑하지 않을 수 없고, 이웃을 사랑한다고 하면서 하나님을 사랑하지 않으면 그것도 진정한 의미에서 이웃을 사랑하는 것이 아니라는 것이다.

바리새인들은 자신들이 율법과 구약성경에 정통하다고 자처하면서 그것들에 관한 한 바르게 판단하고 해석할 수 있는 권위가 자신들에게 있다고 생각했다. 예수께서 그들에게 이렇게 질문하신다. "너희는 그리스도[메시아]에 대하여 어떻게 생각하느냐? 누구의 자손이냐?" 그들이 그리스도가 다윗의 자손이라고 대답한다. 예수께서 다시 물으신다. "그러면 다윗이 성령에 감동되어 어찌 그리스도를 주라 칭하여 말하였느냐?" 바리새인들이 아무 대답도 하지 못한다. 율법과 구약성경을 누구보다 잘 알고 있었다고 자부했지만 그리스도의 진정한 신분에 대해서는 알지 못했던 것이다. 예수께서는 다윗 왕이 그리스도를 "주"라고 호칭한 점을 지적하면서, 그리스도는 다윗의 자손 그 이상이며, 그분의 사역은 이스라엘 민족의 정치적 해방에만 제한되지 않는다고 밝히신다. 그리스도는 모든 창조 세계를 다스리는 "주"이시며, 전 인류를 죄와 어둠의 세력에서 건져 내어 하나님의 백성으로 삼으려고 세상에 오셨다.

(4) 서기관과 바리새인을 꾸짖으시다(23:1-39)

구약성경에 나오는 십계명을 위시한 모든 율법은 하나님으로부터 왔다. 하나님께서는 아브라함에게 그의 후손을 축복하고 돌보겠다고 약속하셨다. "하나님이 그들의 고통 소리를 들으시고, 하나님이 아브라함과 이삭과 야곱에게 세운 그의 언약을 기억하사, 하나님이 이스라엘 자손을 돌보셨고 하나님이 그들을 기억하셨더라"(출 2:24-25). 그래서 모세를 세우셔서 이집트에서 노예 생활하던 이스라엘 백성을 구원하시고 자신의 거룩한 백성으로 삼으셨다. 그리고 하나님의 백성으로서 거룩한 삶을 살도록 율법을 주셨다(출 20:1-2). 이스라엘 백성은 하나님이 주신 율법을 지켜 하나님의 거룩한 백성으로서의 신분을 유지하며 살아야 했다.

산상 설교에서 알 수 있었듯이, 예수께서는 구약의 율법 자체를 거부하지 않으시고 그 율법을 더 내면적으로 깊게 확대하여 가르침을 주신다. 서기관과 바리새인이 율법을 가르치는 것을 문제 삼지 않으셨고, 제자들에게 그들이 가르치는 율법을 배우고 잘 지키라고 명령하신다. 그러나 그들의 행동은 본받지 말라고 하신다. 그들은 가르치기는 잘하지만, 율법을 전혀 지키지 않고 남들에게만 짐을 지우고 있었다. 겉으로는 율법을 사랑하고 잘 지키는 것처럼 행세했으나, 사람들에게 보이기 위한 행동일 뿐 실제로 지키지는 않았다. 예수는 그들의 위선적인 행동을 본받지 말라고 경고하신다.

예수께서 제자들에게 바리새인들과 구별되는 삶의 방식을 제시하신다. 첫째, 스스로 자신을 높여 랍비[선생님]로 칭함을 받으려고 하지 말라. 예수 한 분만이 진정한 랍비요, 우리는 모두 한 분 랍비 아래에 있는 형제자매들이다. 둘째, 땅에 있는 자를 함부로 아버지라 부르지 말라. 진정한 아버지는 하나님 한 분뿐이다. 셋째, 지도자로 불리는 것을 추구하지 말라. 진정한 지도자는 한 분이시니, 곧 그리스도이시다. 예수께서는 바리새인들처럼 높아지려고 하지 말고 항상 자신을 낮추는 겸손한 태도를 가지라고 말씀하신다. 그럴 때 하나님께서 우리를 높여 주신다. 이것이 하나님의 세계, 하나님 백성의 삶의 방식이다.

마태복음 5장 서두에서, 자신을 믿고 따르는 제자들을 향해 여덟 가지의 "복"을 선언하셨던 예수께서 23장에서는 자신을 불신하고 배척하는 바리새인들과 서기관들을 향해 일곱 가지의 "화"를 선언하신다. 그들이 "화"를 받게 된 주된 원인은 예수를 거부할 뿐만 아니라, 율법을 가르치면서도 율법을 전혀 지키지 않는 위선적인 삶을 살고 있기 때문이다. 그들이 행한 일곱 가지 불의는 다음과 같다.

첫째, 백성이 천국에 들어갈 수 있도록 안내 역할을 해야 하는데 오히려 천국 문을 닫아 자신들도 못 들어가고, 백성도 못 들어가게 한다. 둘째, 유대교 교인을 얻으려고 여러 지역에 가서 선교 활동을 하지만, 실제로는 교인 한 명을 얻기보다는 그 배나 지옥의 자식이 되게 한다. 셋째, 무엇이 참이고 거짓인지, 무엇이 더 중요한지, 하나님이 무엇을 더 원하시는지 분간할 수 없으며, 사람들을 바른길로 인도할 자격이 없는 맹인인데도 안내할 수 있다고 큰소리친다. 넷째, 형식적으로 십일조는 열심히 하지만, 그보다 더 중요한 율법의 의와 자비와 신실성은 지키지 않는다. 다섯째, 사람들에게 잘 보이려고 깨끗한 것처럼 위장하지만, 속에는 온갖 탐욕과 방탕함이 가득 차 있다. 여섯째, 회칠한 무덤처럼, 겉으로는 옳은 일을 하는 것처럼 포장하지만, 안에는 온갖 더러운 것과 외식과 불법으로 가득 차 있다. 일곱째, 의를 위해 일하다가 고난당한 선지자들의 무덤을 만들고 의인들의 비석을 세워서 조상들의 불의에 동참하지 않는 것처럼 행세하지만, 선지자들과 의인들을 박해하고 죽인 조상들 이상으로 불의를 행한다.

예수께서 바리새인들과 서기관들에게 무서운 지옥의 심판이 있을 것이라고 경고하신다. 역사적으로 살펴보면, 유대 나라는 지도자들의 잘못으로 말미암아 로마 군대에 의해 주후 70년에 예루살렘성이 파괴되고, 110만 명의 유대인이 죽고, 10만 명가량이 노예로 끌려간다. 공동체나 민족이나 국가의 지도자들이 잘못을 범하면, 당사자들은 물론 공동체와 민족, 국가 전체에 재난이 일어날 수 있다. 유대 지도자들에 대한 예수의 말씀을 우리 자신과 우리 교회 지도

자들에 대한 경고의 말씀으로 받아들이자.

예루살렘은 이스라엘 민족에게 수도 이상의 의미가 있다. 이곳에는 하나님께서 이스라엘 민족을 찾아오시고, 백성이 하나님을 만나러 가는 예루살렘 성전이 있다. 예수 시대 때 예루살렘은 정치·종교·문화·경제의 중심지였을 뿐 아니라, 이스라엘 민족의 신앙과 삶을 대변하는 지역이었다. 예루살렘 성이 흥하는 것은 이스라엘 민족이 흥하는 것이고, 예루살렘 성이 쇠하는 것은 이스라엘 민족이 쇠하는 것을 뜻했다. 그런데 예수께서 이스라엘 민족의 정체성의 상징이요, 자존심의 근간인 이 예루살렘 성이 황폐해져서 버림을 받게 되리라고 예언하신다. 예루살렘이 그동안 하나님이 보내신 선지자들과 파송자들을 환영하기는커녕 오히려 그들을 죽이고, 돌로 쳤기 때문이다. 그뿐만 아니라 하나님께서 마지막으로 보내신 예수마저도 배척하고 있기 때문이다.

예수께서는 이스라엘 민족을 향한 자신의 사역을 마치 암탉이 새끼를 날개 아래에 모아 보호하려는 것같이 이스라엘 민족을 모아 보호하려는 사역이었다고 설명하신다. 예수는 유대인으로 출생했으며, 유대 지역에서 활동하셨고, 이스라엘 민족에게 하나님 나라를 선포하셨다. 그러나 바리새인들과 서기관들을 포함한 이스라엘 민족의 정치·종교 지도자들은 예수를 환영하지 않았다. 하나님의 나라에 대한 예수의 선포도 받아들이지 않았다. 오히려 사사건건 트집을 잡고 배척했고, 급기야 예수를 죽이려고까지 했다. 그래서 예수께서 포도원의 악한 농부들의 비유를 통해, 그리고 일곱 가지의 화의 선언에서 더 구체적으로 설명하신 것처럼, 이스라엘 민족 전체에게 무서운 심판이 임할 것을 예고하신 것이다.

그러나 이스라엘 민족에 대한 심판은 영구적이지 않고 일정한 때가 지나면 민족 전체가 회복될 것이다(롬 11:25-30). 하나님의 은혜는 하나님의 진노보다 더 크고, 이스라엘 민족에 대한 하나님의 신실하신 보호와 구원의 약속은 이스라엘 민족의 행위 때문에 무효화되지 않는다. 이스라엘의 역사는 모든 인류가 비추어 보아야 할 거울이다. 하나님의 말씀을 외면하거나, 하나님의 말씀을 들어도 순종하지 않고 오히려 위선적으로 행동하는 자에게는 하나님의 무서운 심판이 반드시 임한다.

IV. 절정과 반전: 수난, 죽음, 그리고 부활
(24:1-28:20)

1. 종말 설교(24:1-25:46)
2. 수난, 십자가에서 죽으시다(26:1-27:61)
3. 위대한 반전: 부활과 새로운 시작(27:62-28:20)

IV

절정과 반전

수난, 죽음, 그리고 부활

24:1–28:20

잘 구성된 드라마는 비극이든지 희극이든지 절정 단계에서 극적인 반전을 선보인다. 반전 상황에서 청중은 카타르시스와 재미를 느낀다. 마태복음이라는 드라마에도 반전이 나온다. 오랫동안 예수를 미워하고 배척했던 정치·종교 지도자들이 마침내 예수를 십자가에 처형하는 데 성공한다. 그들은 자기들이 승리했다고 생각했을 것이다. 그러나 아무도 예상하지 못했던 반전이 펼쳐진다. 십자가에 매달려 죽었던 예수가 사흘 후에 부활한 것이다.

마태복음 24-28장은 1-4장의 복음의 시작, 5-10장의 복음의 확장, 11-23장의 복음에 대한 도전과 대응에 이어서 나오는 절정과 반전 부분이다. 이 부분은 크게 셋으로 나뉜다. 첫째, 종말 설교(24-25장), 둘째, 수난과 죽음(26-27장), 셋째, 부활 사건(28장)이다. 특이한 것은 이 모든 내용이 한 주간 안에, 그리고 예루살렘 성에서 일어났다는 점이다. 만일 드라마가 예수의 죽음으로 끝났다면 이 드라마는 비극으로 분류되고, 주인공 예수는 실패한 메시아로 불렸을 것이다. 그리고 제자들도 뿔뿔이 흩어졌을 것이고, 기독교 운동도 시작되지 못했을 것이다.

그러나 마태가 쓴 이 드라마는 성금요일로 끝나지 않는다. 주일날에 반전이 일어난다. 십자가에 달려 죽으신 예수께서 부활하심으로써 새로운 역사가 시작된다. 그분은 흩어진 제자들을 찾아가서 자신의 부활을 알리신다. 그리고 이제 고난의 메시아가 아닌 하늘과 땅의 모든 권세를 가진 하나님의 아들과 영광의 메시아로서 제자들에게 이렇게 새로운 사명을 부여하신다. "너희는 가서 모든 민족을 제자로 삼아 아버지와 아들과 성령의 이름으로 세례를 베풀고, 내가 너희에게 분부한 모든 것을 가르쳐 지키게 하라"(28:19-20). 그리고 그들과 항상 함께 있을 것이라고 약속하신다. 그렇게 하심으로써 자신이 새 역사를 주도할 분임을 알리신다.

1. 종말 설교(24:1-25:46)

24-25장은 종말에 대한 설교 모음이다. 왜 저자는 종말 설교를 예수의 죽음과 부활 사건 앞에 배치했을까? 아마도 양자가 불가분의 관계라고 여겼기 때문일 것이다. 즉 예수의 죽음을 역사의 마지막에 일어날 이스라엘과 인류의 죽음과 심판을 대행하는 종말론적

인 죽음으로, 그리고 부활을 역사의 마지막에 일어날 이스라엘과 인류의 종말론적인 부활의 첫 열매로 보았기 때문일 것이다. 이와 같은 종말론적인 이해는 메시아 예수를 아브라함과 다윗의 자손으로 소개하는 마태복음의 서두 부분에 이미 나왔다. 하나님이 아브라함에게 주신 언약(창 12:1-3)과 나단 선지자를 통해 다윗에게 주신 언약(삼하 7:12-16)은 종말론적인 언약으로, 예수는 이 언약이 자신을 통해 성취될 것을 이미 알고 계셨다. 십자가에서의 죽음과 부활은 이 언약을 성취하는 종말론적인 사건이다.

종말 설교의 서두인 24:1-12에서는 예루살렘 멸망의 종말론적인 의미와 예수의 재림을 연관 지어 설명한다. 예수께서는 예루살렘 성전의 화려함을 말하는 제자들에게 성전이 돌 하나도 돌 위에 남아 있지 않을 만큼 완전히 무너질 것을 예고하신다. 이에 제자들은 세상 끝, 즉 종말이 다가온 줄 알고, 언제 예루살렘 성전이 파괴되며, 예수께서 왕으로 등극하시는 세상 끝에 무슨 징조가 있을지 묻는다. 유대교의 종말 사상에서는, 예루살렘 성전이 파괴되면 이스라엘을 회복시킬 유대 나라의 왕 메시아가 오시고 세상의 종말과 심판이 다가온다고 이해했다.

제자들이 이 사상의 배경 안에서 질문하자 예수도 성전 파괴와 세상 끝을 서로 연관시켜서 답변하신다. 예루살렘 성전의 파괴는 앞으로 올 세상의 종말에 대한 일종의 전주곡 역할을 한다. 그러나 예수는 이 사건이 이스라엘을 회복시키는 메시아가 곧바로 오는 것으로 이어지지는 않는다고 강조하신다. 오히려 여러 가지 재난과 신자들에 대한 박해가 시작된다고 말씀하신다. 그러므로 24:4 이하에 나오는 긴 종말 설교는, 한편으로는 주후 70년에 일어날 예루살렘 성전 파괴와 관련이 있고, 다른 한편으로는 이 세상의 종말을 가져오는 징조들과 관련이 있다고 볼 수 있다. 즉, 성전 파괴 사건을 통해서 제자들은 예수께서 왕으로 다시 오실 것을 알고, 곧 다가올 세상의 종말에 대해 준비해야 한다.

제자들이 세상의 종말과 예수의 재림이 언제인지 묻지만 예수께서는 정확한 때를 밝히지 않으신다. 다만 여러 가지 징조가 나타날 때, 특별히 모든 민족과 온 세상에 천국 복음이 전파될 때라고 하시면서 언제든지 종말을 맞이할 수 있도록 준비하라고 가르치신다. 성전의 파괴에 앞서 유대 사회에서 일어났던 재난과 박해들이 예수의 재림과 세상 끝이 도래하기 전까지 우리의 역사 세계 안에서도 일어난다는 것이다. 그렇다. 예수가 말씀하신 대로 주후 70년에 예루살렘이 멸망했다. 그리고 여러 가지 종말의 징조가 우리 시대에도 계속 일어나고 있다. 우리는 항상 깨어서 예수의 재림과 세상 종말을 준비해야 한다.

예수께서 예루살렘 성전의 파멸이 가까웠을 때에 어떻게 행동해야 할지 다음과 같이 가르쳐 주신다. 첫째, 선지자 다니엘이 언급한 "멸망의 가증한 것이 거룩한 곳에 선 것을 보거든", 곧 하나님의 이름과 예루살렘 성전을 모욕하는 일(학자들은 이 일을 헬라 제국의 계승자 안티오코스 4세가 주전 168년경 유대교를 말살하려고 예루살렘 성전 제단에 제우스 제단을 설치한 것으로 본다)이 다시 일어나면 예루살렘의 멸망이 임박했음을 알고 신속하게 피난하라. 실제로 주후 40년경 로마 황제 칼리굴라가 예루살렘 성전에 자신의 신상을 세워서 성전을 다시 모욕한 일이 있었고, 이 일은 유대인들에게 강한 반(反)로마 제국 사상을 불러일으켰다. 둘째, 이 재난이 안식일이나 겨울에 일어나지 않도록 기도하라. 셋째, 많은 거짓 메시아들과 거짓 선지자들에게 미혹당하지 않도록 하라.

기독교 교부들의 글에 따르면, 주후 66년에 유대인들이 로마 제국에 대항하는 독립 전쟁을 일으켰을 때, 예루살렘 교회를 중심한 유대인 기독교 신자들은 예루살렘의 멸망과 관련된 예수의 말씀을 기억하고는 이 전쟁에 직접적으로 관여하지 않고, 주후 68년 요르단강 서편에 있는 펠라 지역으로 피신하여 생명을 보전했다.

예수께서 종말 설교에서 예루살렘 성전의 파괴를 말씀하시는지, 아니면 자신의 재림과 인류 전체의 종말을 말씀하시는지 정확하게 구분할 수는 없다. 여기서 분명한 점은, 제자들은 유대 종말 사상을 따라 이 두 사건을 분리시키지 않고 동시적으로 이해했다는 것이다. 그러므로 제자들에게는 어떤 관점에서, 어디에 강조점을 두고 예수의 말씀을 이해하든지 별다른 차이가 없었다. 주후 70년 이후의 그리스도인들은 예수의 재림과 인류 전체의 종말과 관련해서 이해하는 것이 더 바람직하다.

인류의 종말 때에는 해와 달과 별이 떨어지는 등 자연 세계에 엄청난 변화가 있을 것이다. 이 변화는 한편 정치, 경제, 문화, 예술 등 인류 사회 전반에 걸쳐서 일어날 큰 변화들을 상징한다. 예수께서 인자의 영광을 가지고 다시 오실 때는, 조용했던 초림 때와는 달리 하늘에 큰 징조가 나타날 것이며, 예수를 믿지 않았던 땅의 모든 족속이 통곡할 것이다. 예수의 재림과 세상의 종말이 언제 일어날지 정확하게 예측할 수는 없다. 하지만 예수께서 예고하신 대로 예루살렘 성전이 파괴되었듯이, 예수께서 다시 오시는 일도, 그리고 우리가 마지막 심판을 받는 일도 세계 역사에서 반드시 일어날 것이다. 예루살렘 성전의 파괴 사건은 이 세상의 종말이 이미 시작되었음을 알려 준다. 그렇기에 심판과 구원을 가져오시는 예수의 재림도 언제든지 일어날 수 있다. 우리는 종말과 예수의 재림이 임박했음을 의식하면서 경건하게 살아가야 한다.

종종 예수의 재림 날짜를 알 수 있다고 주장하면서 우리를 미혹하는 자들이 있다. 예수의 재림이 임박했다고 하면서 공포감을 조성하거나 현실을 도피하게 하는 이들도 있다. 시한부 종말론주의자들은 예수의 재림이 임박했다고 주장하며 사람들을 미혹한다. 많은 사람이 직장을 그만두고, 학업을 중단하고, 재산을 팔아 이들에게 바친다. 예수께서 아버지 하나님 외에는 그 누구도 재림 날짜를 알 수 없다고 말씀하신 이상, 우리는 이날이 언제인지 알려고 해서도 안 되고, 그 날짜를 알고 있다는 이들의 말에 귀 기울여서도 안 된다. 설령 예수의 재림이 바로 앞으로 다가왔다고 할지라도 우리는 생업을 포기하지 말고 묵묵히 그 일에 충실해야 한다. 생업 현장에서 예수의 재림을 준비하면서 깨어 기다리는 자세가 필요하다. 이를 가르쳐 주시기 위해 예수께서 여섯 가지 비유로 예를 드신다.

첫 번째 비유는, 두 사람이 밭에 있는데 한 명은 데려감을 당하고 한 명은 버려둠을 당하며, 두 사람이 맷돌질을 하는데 한 명은 데려감을 당하고 한 명은 버려둠을 당한다는 것이다(24:40-41). 같은 장소에서 같은 일을 하더라도 재림에 대한 준비 여하에 따라 결과가 달라진다.

두 번째는 도둑에 대비하는 집 주인 비유로, 깨어 준비하는 자는 도둑이 들어오지 못하게 한다는 것이다(24:42-44). 세 번째 비유는, 주인이 맡긴 일에 항상 충성하는 지혜로운 종은, 주인이 왔을 때 주인의 전 재산의 관리를 위임받는 복을 누리게 되지만, 주인이 늦게 올 줄 알고, 맡은 일에 충성하지 않고 술친구들과 먹고 마신 종은, 주인이 생각하지 않은 날에 왔을 때 심판을 당하고 매질을 당한다는 내용이다(24:45-51). 이 두 비유는 예수께서 우리가 예상하지 못한 때에 오시며, 그 재림을 항상 깨어서 준비해야 한다고 교훈한다. 이는 생업이나 소명을 포기하라는 것이 아니라, 그 일에 최선을 다하라는 뜻이다. 주님은 바로 그런 자들을 데려가시고, 바로 그런 자들에게 복을 내린다고 말씀하신다. 사도 바울은 예수의 재림을 기다리느라 일도 포기한 자들을 향하여 일하지 않으려거든 먹지도 말라고 일침을 가한다.

네 번째는 열 처녀 비유다(25:1-13). 예수 당시에 여자들은 보통 12-14살, 남자들은 14-16세에 결혼했다. 결혼식은 신부가 단장을 하고 아버지 집에서 자기 또래의 열 명의 들러리와 함께 신랑을 기다리는 일과, 신랑이 지참금을 준비하여 친구들과 함께 신부를 데려오기 위하여 신부의 집으로 가는 일과, 신랑이 신부와 신부의 들러리와 함께 횃불을 들고 자신의 집으로 가는 일과, 마지막으로 신랑 집에서 일주일간 잔치를 여는 것으로 진행된다. 이 비유에서는 열 명의 처녀가 신부의 집에서 신랑이 오기를 기다리고 있다. 그중 슬기로운 다섯 처녀는 등과 여분의 기름을 별도로 준비하고, 미련한 다섯 처녀는 기름이 묻어 있는 등만 준비한다. 지참금 협의가 늦어졌기 때문인지 신랑의 도착이 지연된다. 계속 기다리던 열 처녀는 졸다가 잠이 든다. 불을 밝힌 등의 기름이 계속 줄어 간다. 늦은 밤에 신랑 일행이 갑작스럽게 도착한다. 여분의 기름을 준비한 슬기로운 다섯 처녀는 신랑의 집에 가는 횃불 행렬에 참여해서 잔치에 들어갈 수 있지만, 미련한 처녀들은 등이 꺼져서 잔치에 들어가지 못한다.

열 처녀 모두 신부의 친구들이고, 신부의 선택을 받아 등을 준비했고, 신부의 집에 와서 신랑을 기다리다가 졸았다. 차이가 있다면 다섯 처녀는 기름을 따로 준비했고, 다섯 처녀는 그렇게 하지 않았다는 것뿐이다. 즉 어떤 상황에서도 대처할 수 있는 준비 자세를 갖추었는지의 여부다. 기름은 그 자세를 나타내 주는 일종의 상징이다. 한쪽은 졸지 않고 깨어 있고, 한쪽은 졸고 있었다는 점이 차이점이라고 주장하는 이들도 있다. 그렇지 않다. 열 처녀 모두 잠이 들었다(25:5).

여기서 신랑은 재림하시는 예수를, 신부는 교회를, 그리고 열 처녀는 성도들을 상징한다. 예수께서는 자신의 재림을 기다리는 신자들이 어떻게 행동해야 할지 가르침을 주신다. 등과 여분의 기름을 준비해서 어떤 상황에서도 잘 대처한 슬기로운 처녀들처럼 될 것인지, 아니면 등은 준비했지만 기름을 준비하지 않아서 결국 혼인 잔치에 참여할 수 없었던 미련한 처녀들처럼 될 것인지. 이 비유는 우리에게 늘 깨어서 주님을 맞이할 준비를 철저히 하고 있는지를 묻는다.

다섯 번째는 달란트 비유다(25:14-30). 열 처녀 비유에서 슬기로운 다섯 처녀와 미련한 다섯 처녀가 등장한 것처럼, 달란트 비유에서도 착하고 충성된 종들과 악하고 게으른 종이 등장한다. 이 비유에서 중요한 것은 얼마나 많은 달란트를 받았는가 하는 것이 아니다. 두 달란트 받아 네 달란트를 남긴 종도 다섯 달란트를 받아 열 달란트를 남긴 종처럼 똑같이 칭찬을 받았다. 주인은 종들의 능력에 따라 달란트를 주었고, 주인이 종들에게 기대한 것은 얼마나 많이 남겼는지가 아니라, 그 달란트를 가지고 얼마나 최선을 다해서 살았는가 하는 것이다. 그런데 한 달란트 받은 종은 그것을 땅속에 파묻어 활용될 기회까지 막아 버렸고, 그래서 주인에게 악하고 게으른 종이라고 책망받았으며, 무익한 이 종은 결국 쫓겨남을 당하고 말았다. 그는 달란트를 받았고, 그것을 활용할 능력이 있었음에도 불구하고, 의도적으로 주인을 배반하는 행동을 한 것이다.

달란트 비유는 개인이든 교회 공동체든 주님의 재림을 기다리는 동안 자신을 어떤 존재로 인식하고, 어떻게 살아가야 하는지 교훈해 준다. 직업이 무엇이든지, 재능이 무엇이든지, 교회나 회사에서 직급이 무엇이든지 간에 맡은 일에 최선을 다해야 한다는 것이다. 이 비유는 주님께 받은 은사가 각각 다르지만 모든 성도가 다 하나님께 달란트를 받았음을 강조한다(롬 12:6; 고전 12:4). 따라서 이 비유의 초점은, 어떤 성도가 얼마나 많은 달란트를 받았느냐가 아닌, 각자 받은 달란트를 어떻게 활용하고 있느냐에 있다. 그런데도 성도 중에는 자신이 받은 달란트에 감사하고 더 뜻 깊게 활용하려고 노력하기보다는, 남이 받은 달란트와 비교해서 불평만 하고 전혀 활용하지 않는 이들이 있다. 이 비유는 이들에게 엄중한 경고를 던진다. 그들은 받은 달란트도 빼앗길 뿐 아니라 더 이상 주님의 종으로 인정받지 못하며 무서운 종말의 심판을 받는다.

종말 설교의 마지막에 나오는 비유는 양과 염소 비유다(25:31-46). 이 비유에서 예수는 자신이 인자의 영광과 왕권을 가지고 이 세상에 다시 올 때는, 마치 목자가 양과 염소를 구분하듯이, 모든 민족을 구분하여 심판한다고 말씀하신다. 임금의 오른편에 둘 양과 같은 무리와 왼편에 둘 염소 같은 무리로 구분하실 것이다. 양으로 대변되는 무리는 복 받을 자, 그리고 예비된 나라를 상속받을 자다. 그들은 임금이 주릴 때에 먹을 것을 주었고, 목마를 때에 마실 것을 주었고, 나그네 되었을 때에 영접하였고, 헐벗었을 때에 옷을 입혀 주었고, 병들었을 때에 돌보았고, 옥에 갇혔을 때에 찾아왔기에 임금께 칭찬받는다. 하지만 그들은 자신들이 언제 임금에게 그런 일을 베풀었는지 알지 못한다. 임금은 지극히 작은 자 하나에게 한 것이 곧 자신에게 한 것이라고 알려 주신다.

임금은 왼편에 있는 염소와 같은 무리를 향하여, 오른편 무리와는 정반대로, "저주를 받은 자들아, 나를 떠나 마귀와 그 사자들을 위하여 예비된 영원한 불에 들어가라"라고 엄한 심판의 선언을 하신다. 그들은 임금이 주릴 때에 먹을 것을 주지 않았고, 목마를 때에 마실 것을 주지 않았고, 나그네 되었을 때에 영접하지 않았고, 헐벗었을 때에 옷을 입혀 주지 않았고, 병들었을 때와 옥에 갇혔을 때에 돌보지 않았다. 그들 역시 자신들이 언제 임금에게 그런 일을 베풀지 않았느냐고 묻는다. 임금은 지극히 작은 자 하나에게 하지 않은 것이 곧 자신에게 하지 않은 것이라고 말씀하신다.

사실 왼편에 있는 이 무리는 어떤 특정한 범죄를 저지르지 않았다. 그들은 살인도, 간음도, 도적질도 하지 않았다. 하지만 예수께서는 하지 않아야 할 일을 하지 않았더라도, 마땅히 해야 할 일을 하지 않으면 범법을 저지른 것과 똑같다고 말씀하신다. 따라서 신자는 주님을 대신해서 복음 전파에 헌신하는 자들이 병들고, 주리고, 헐벗고, 옥에 갇혔을 때에 반드시 돌보아야 한다. 그렇게 하지 않으면 주님께서 우리가 주님에게 하지 않은 것으로 간주하시고, 심판을 내리신다. 우리가 반드시 해야 할 일을 하지 않을 때 주님은 엄중하게 책임을 물으신다.

2. 수난, 십자가에서 죽으시다(26:1–27:61)

(1) 죽음을 준비하시다(26:1–46)

긴 종말 설교를 마친 후 예수께서 자신의 죽음에 관하여 세 번째로 언급하신다. 첫 번째와 두 번째 때에는 예루살렘에서 대제사장들과 장로들에 의해 죽임을 당할 것이라고 말씀하셨고, 이번에는 이틀 후 시작될 유월절 기간에 십자가에 매달려 처형당할 것이라고 정확하게 말씀하신다. 여기서 "유월절"은, 지난날 이스라엘 백성을 죽음에서 구하기 위하여 짐승이 희생된 것처럼, 이스라엘 백성을 포함한 모든 인류를 죄와 죽음의 심판에서 구하기 위하여 예수 자신이 희생될 것을 나타낸다. 이처럼 예수께서는 자신이 누구에 의해 어떻게 죽임을 당할지, 그리고 그 죽음이 어떤 결과와 의미를 가져올지 제자들에게 미리 알려 주신다.

그런 다음 베다니 시몬의 집으로 가신다. 그때 한 여자가 귀한 향유가 담긴 옥합을 가지고 와서 예수의 머리에 붓는다. 제자들은 귀한 것을 허비한다고 분개하지만, 예수께서는 "이 여자가 내 몸에 이 향유를 부은 것은 내 장례를 위하여 함이니라"(26:12)라고 하시면서 여자의 행동을 칭찬하신다. 그리고 온 천하에 어디서든지 복음이 전파되는 곳에서는 이 여자가 행한 일도 함께 말하여 그를 기억하라고 하신다. 이 여자가 예수의 죽음에 대해 미리 알고 이러한 행동을 했는지 우리는 알 수 없다. 하지만 예수께서는 이 여자의 사랑과 헌신을 자신의 메시아적 죽음을 준비한 것으로 받아들이신다.

제자들은 여자가 비싼 것을 허비한다고 보았는데, 왜 예수께서는 여자의 행동을 칭찬하시며 귀하게 여기시는가? 똑같은 행동을 보고 상반된 평가를 내리는 일은 흔하다. 물질을 가장 중요하게 여기면 모든 것의 가치를 물질로 환산해서 판단하기 마련이다. 하나님에 대한 믿음이 있고 하늘에 소망을 둔 성도는 물질이나 세상적인 가치로 사람이나 행동을 판단하지 않는다. 사도 바울은 한때 자신의 출신 배경과 학문적 성취와 유대교를 믿는 것을 자랑으로 삼았지만, 부활하신 예수를 만난 이후 그 모든 것을 배설물처럼 여기게 되었다. 왜냐하면 더 귀하고 더 영원한 것을 발견했기 때문이다. 예수를 진정으로 사랑하면 향유를 부은 여자처럼 무엇이든지 예수께 바쳐 감사함을 표현하고 싶어 하지만, 사랑하지 않으면 모든 것을 아까워

한다.

이름 없는 한 베다니 여자가 예수를 사랑하여 자신이 가장 소중하게 간직해 왔던 것을 예수께 바친다. 가룟 유다는 돈에 눈이 어두워 원수들에게 예수를 팔아넘길 것을 약속한다. 「유다복음서」에서는 예수의 요청을 받아 유다가 그러한 일을 했다고 하면서 그를 의로운 자로 묘사하지만, 그 책은 주후 300년경 한 이단 종파인 영지주의 그룹에서 만든 것으로서 역사적 신빙성이 없다. 이와 같은 거짓된 책에 미혹당하지 않도록 주의하자. 우리는 유다가 예수께 많은 설교와 가르침을 들었고, 그분이 행하신 이적들을 보았는데도 왜 예수를 배반했는지 정확하게 알 수는 없다.

그러나 성경에서는 분명히 유다가 평소에 돈에 욕심이 많은 도둑의 심보를 품고 있었고(요 12:6), 그에게 사탄이 들어가서 예수를 대제사장들에게 팔아넘기기로 마음먹게 했다고 기록한다(눅 22:3-4). 예수께서는 유다가 자신을 배반할 것을 미리 아셨지만, 스승과 제자라는 끈을 놓지 않으시고 유다에게 여러 차례 회개할 기회를 주신다. 마지막 만찬 석상에서도 "인자를 파는 그 사람에게는 화가 있으리로다. 그 사람은 차라리 태어나지 아니하였더라면 제게 좋을 뻔하였느니라"(26:24)라고 말씀하신다. 유다가 예수께 "랍비여, 나는 아니지요?"라고 묻자, "네가 말하였도다"라고 하시며 그의 잘못된 계획을 지적해 주시지만, 유다는 끝내 돌이키지 않는다.

예수께서 빌라도에게 넘겨진 것을 안 후 유다는 자신의 행동을 뉘우쳐서 은 삼십을 대제사장들과 장로들에게 도로 갖다준다. 그리고 목매어 자살해 버린다. 누구든지 물질이나 명예나 성(性)의 노예가 되면 눈이 어두워져서 무엇이 소중한지 판단할 수 없고, 어떻게 행동해야 할지 알지 못한다. 사탄은 이런 자들을 찾아가 미혹하여 신앙을 배반하게 한다. 유다에 대한 성경의 기록은 불신앙과 세상적인 것에 대한 욕심, 배신이 가득한 우리 시대 사람들에게 그 끝이 어떠할지를 보여 주는 일종의 경고다.

예수께서 죽음을 준비하기 위해, 유월절 양을 잡고 누룩을 넣지 않은 빵을 먹는 무교절을 맞아 제자들과 함께 마지막으로 유월절 만찬을 잡수신다. 유월절 만찬은 이스라엘 백성을 이집트의 노예 생활에서 하나님께서 극적으로 구출해 주신 출애굽 사건을 기념하는 식사다. 이 만찬 중에 예수께서 떡을 떼어 제자들에게 주시면서, "이것은 내 몸이니라"라고 하시고, 또 포도주가 든 잔을 주시면서, "이것은 죄 사함을 얻게 하려고 많은 사람을 위하여 흘리는 바 나의 피, 곧 언약의 피니라"라고 말씀하신다. 초대 교회 때부터 오늘날에 이르기까지 교회가 지키는 성만찬은 이 만찬에서 유래되었다. 예수께서는 마지막 만찬에서 자신의 죽음이 어떤 죽음이며, 어떤 결과를 가져올 것인지 명백하게 밝히신다. 즉, 지난날 이스라엘 백성이 바로 왕의 압제 아래서 노예 생활을 하고 있을 때 백성의 죄를 대신하여 짐승이 피를 흘려 희생당한 것처럼, 사탄의 지배 아래서 죄와 죽음으로 고통당하는 죄인들을 구하기 위해 예수 자신이 친히 유월절 어린양이 되셔서 피를 흘려 희생당하게 될 것이다.

우리는 때로 성만찬을 예수의 죽음을 재현하거나 기념하는 예식 정도로만 생각한다. 그래서 예수의 고통과 희생을 묵상하고, 우리의 죄악을 떠올리며 슬퍼한다. 예식의 설교와 기도, 찬송도 그러한 분

위기를 만드는 데 일조한다. 하지만 성만찬은 단순히 예수의 죽음만을 기념하는 것을 넘어, 그 죽음이 가져온 구원과 승리를 기뻐하고, 그것을 나누는 시간이다. 예수께서 십자가에서의 희생적 죽음과 그 효능을 상징하는 떡과 포도주를 제자들에게 주셔서 먹게 하신 것처럼, 우리에게도 성만찬을 통하여 사죄와 구원의 은총을 공급해 주신다. 성만찬이 성도들에게 영적인 양식을 공급하는 기쁨의 잔치가 되어야 하는 이유가 여기에 있다.

만찬을 마치신 후 예수께서 겟세마네 동산으로 가신다. 가는 도중에 예수는 오늘밤에 모든 제자가 자신을 버리고 도망갈 것이라고 말씀하신다. 이에 베드로가 자기는 결코 예수를 버리지 않겠다고 장담한다. 하지만 "오늘 밤 닭 울기 전에 네가 세 번 나를 부인하리라"라는 예수의 말씀처럼 베드로는 예수를 부인하고 배반한다. 우리 역시 예수를 믿고 따른다고 하지만 베드로처럼 실패할 수 있다. 그럴 때마다 회개하고 다시금 주님 앞으로 나아가야 한다.

예수께서 겟세마네 동산에 도착해서 다른 제자들은 그곳에 앉아 있도록 하고, 베드로와 야고보, 요한만 데리고 한적한 곳으로 기도하러 가신다. 예수는 세 제자에게 깨어 기도할 것을 당부하신다. 그리고 조금 더 가서 땅에 엎드려, 세 번이나 동일하게 "내 아버지여, 만일 할 만하시거든 이 잔을 내게서 지나가게 하옵소서. 그러나 나의 원대로 마시옵고 아버지의 원대로 하옵소서"라고 기도하신다. 세 제자는 예수의 당부를 잊고 잠이 든다.

예수의 기도를 어떻게 받아들여야 할까? 전반부에서는 예수께서 자신의 죽음을 얼마나 크고 고통스럽게 받아들이고 계신지 볼 수 있다. 이 죽음은 한 사람이 겪는 자연적인 죽음이 아니라, 전 인류가 죄를 지어 죽을 수밖에 없는 상황에서 그 모든 죄를 대신 지고 그 모든 사람을 대신해서 죽는 죽음이며, 하나님의 아들로서가 아니라 모든 죄인을 대변하는 자로서 하나님께로부터 버림을 받고 심판을 당하는 죽음이다. 이 기도의 강조점은 후반부에 있다. 후반부에서는 자신이 감당해야 할 죽음의 잔이 심히 크고 무겁고 고통스러울지라도 그 잔을 받는 것이 아버지의 뜻이라면 순종하시겠다는 예수의 결심이 드러난다.

아버지의 침묵 속에서 예수는 아버지의 뜻을 확신하고 기꺼이 순종하기로 결심하신다. 세 번이나 같은 내용으로 기도하심으로써 결심을 확고히 다지신 후 제자들을 깨우러 가신다. 그리고 그들에게 인자가 곧 죄인의 손에 팔릴 것이라고 분명하게 밝히신다. 겟세마네 동산에서의 기도는 한 사람이 드리는 개인 기도가 아니라 인류를 대표해서 드리는 예수 그리스도의 기도다. 우리 모두를 위한 기도이며, 우리에게 모범이 되는 기도다. 진정한 기도는 나 자신의 바람보다 하나님 아버지의 뜻에 순종하는 기도이며, 이렇게 기도할 때 결국 승리할 수 있다. 우리도 예수처럼 항상 깨어 시험에 빠지지 않도록 기도해야 한다.

(2) 체포되고 재판을 받으시다(26:47-27:26)

신약성경의 제일 앞부분에 나오는 네 개의 복음서는 모두 예수에게 초점을 둔 내용이지만, 예수를 소개하는 데 있어서는 나름대로 특징이 있다. 첫 번째 복음서인 마태복음에서는 특별히 예수의 인격과 그분의 모든 사역이 구약에 이미 나온 예언의 성취임을 강조한다. 예를 들면, 예수의 출생은 이사야 7:14에 나와 있는 대로 메시아가 처녀에게서 잉태된다는 것과, 하나님이 우리와 함께하신다는 임마누엘 약속의 성취이며, 예수의 여러 치유 사역은 메시아가 인간의 연약함과 질병을 담당하실 것이라는 이사야 53:4의 성취라고 밝힌다. 그리고 제자들이 예수를 배반하고 흩어지는 것도 스가랴 13:7의 성취라고 본다.

두 번째 복음서인 마가복음에서는 예수의 교훈보다도 예수의 행위에, 특별히 그분의 고난과 고난을 뛰어넘는 승리에 초점을 맞춘다. 따라서 마가복음에는 마태복음과 누가복음에 나오는 비유나 요한복음에 나오는 예수의 설교보다는 이적과 치유 사역, 그리고 수난과 죽음에 대한 내용이 많이 나온다. 로마 제국 아래서 고난받고 있는 독자들에게 용기와 소망을 불어넣어 주려는 의도가 있다고 볼 수 있다.

누가복음에서는 예수가 가난한 자와 약한 자, 세리와 죄인, 병든 자와 어린이, 그리고 여성에게 하나님의 사랑과 은총을 전하는 분이라는 점을 강조한다.

네 번째 복음서인 요한복음에서는 어느 복음서보다도 예수의 신성을 강조한다. 예수는 하나님과 동등한 신적 권위를 가진 하나님의 대변자이시다. 그분은 하나님의 대리자로서 이 땅에 오셨고, 그분이 하시는 모든 일이 하나님의 일이며, 그분을 본 자는 이미 하나님을 본 자다. 심지어 그분의 고난과 죽음도 하나님의 영광을 나타낸다.

예수의 모든 이적과 교훈의 초점도 여기에 있다. 그러므로 예수를 믿는 자는 지금 여기서 영생을 소유한다. 이처럼 사복음서 모두 예수를 주인공으로 삼고 있지만 각기 다른 측면으로 예수를 소개한다. 복음서마다 독자들의 처지가 다르기 때문이다.

예수께서 겟세마네 동산에서 기도를 마치실 무렵, 가룟 유다가 대제사장들과 백성의 장로들이 파송한 큰 무리를 대동하고 예수를 잡으러 온다. 예수는 이미 죽음의 잔을 마시기로 결심하셨기에 그들에게 저항하지 않으신다. 제자 중 하나가 칼을 빼어 대제사장의 종의 귀를 베자 예수께서 이를 제지하신다. 그리고 자신도 얼마든지 저항할 능력이 있지만 그렇게 하지 않는 것은, 자신에 대한 선지자들의 예언이 다 성취되도록 하기 위함이라고 말씀하신다. 예수께서 순순히 잡히시자 제자들이 예수의 예고대로 모두 도망쳐 버린다.

칼과 몽치를 가지고 예수를 잡으러 온 무리는 자신들이 모든 상황을 주도하고 있으며, 예수가 자기들에 의해 피동적으로 움직이고 있다고 여겼을 것이다. 그러나 예수께서는 자신이 상황을 주도하고 있다고 밝히신다. 하나님의 말씀이 다 이루어지도록 자발적으로 자신을 그들에게 내주신 것이다. 예수는 항상 하나님의 말씀을 묵상하고 그 말씀에 순종하는 삶을 사셨다. 그분을 따르는 우리 제자들 역시 이 자세를 본받아야 한다.

예수는 자신이 하나님으로부터 보냄을 받은 하나님의 아들이며, 메시아, 곧 그리스도라는 사실을 사역 초기에는 공개적으로 알리지 않으셨다. 베드로가 제자들을 대표해서 예수를 향해, "주는 그리스도시요, 살아 계신 하나님의 아들이시니이다"라고 고백했을 때에도,

제자들에게 경고하사 자기가 그리스도이신 것을 아무에게도 알리지 말라고 이르셨다(16:20). 하지만 대제사장 가야바 앞에서 재판을 받을 때, 그가 "네가 하나님의 아들 그리스도인지 우리에게 말하라"(26:63)라고 결정적인 질문을 던지자 예수께서는 더 이상 자신의 신분을 숨기지 않으신다. "네가 (그렇게) 말하였느니라"라고 하시면서, 자신이 바로 하나님의 아들이며, 그리스도이심을 시인하신다. 그리고 하나님의 권능을 가지고 세상을 심판하기 위해 오시는 인자임을 밝히신다.

대제사장 가야바가 볼 때, 예수가 하나님의 성전이 파괴될 것이라고 외치고, 하나님의 거룩한 율법을 어기며, 부정한 사람들과 어울리고, 유대 민족의 해방과 번영에는 관심이 없었기에 예수는 결코 하나님의 아들, 그리스도, 인자일 리가 없었다. 그런데 공회 석상에서 메시아의 3대 호칭인 "하나님의 아들", "그리스도", "인자"를 예수가 스스로에게 돌리자, 가야바는 옷을 찢으며, 예수가 하나님을 모독하는 발언을 했다고 하면서, 예수에게 사형을 선고한다.

예수는 하나님의 아들, 그리스도, 인자라는 자신의 신분을 공개적으로 명백하게 밝혔다는 이유로 사형 선고를 받으신다. 하지만 예수의 이러한 신분으로 인해 그분의 죽음이 전 인류를 구원하는 대속의 성격을 띠는 것이다. 만일 예수가 보통 사람이었다면 설령 그분이 십자가에서 처형당했다 할지라도 인류를 구원할 수는 없었다. 그분이 하나님의 아들, 그리스도, 인자이기 때문에 그분의 죽음이 모든 사람을, 그리고 바로 나를 구원하는 근거가 된다.

예수께서 재판을 받으시는 중에 베드로가 예수를 세 번 부인한다. 베드로는 죽을지언정 결단코 예수를 버리거나 부인하지 않겠다고 호언장담했었다. 그는 겟세마네 동산에서 예수에게 시험에 들지 않도록 깨어서 기도하라고 경고를 받았지만 잠들어 버리고 말았다. 그 결과 그는 예수를 모른다고 공개적으로 세 번이나 부인한다. 성경을 보면 그 부인하는 정도가 점점 심해진다. 처음에는 베드로가 예수와 함께 있었다고 지적한 여종을 향해 "나는 네가 무슨 말을 하는지 알지 못하겠노라"라고 하며 자신이 예수와 전혀 관계가 없다고 밝힌다. 두 번째에는 "나는 그 사람을 알지 못하노라"라고 하며 예수를 모른다고 부인하고, 세 번째에는 저주하고 맹세까지 하면서 "나는 그 사람을 알지 못하노라"라고 선언한다. 이 말을 마치자마자 닭이 운다. 닭 울기 전에 세 번 예수를 부인하리라는 예수의 예고가 그대로 이루어진 것이다. 그제야 베드로는 예수의 말씀을 기억하고는 심히 통곡하면서 자신의 잘못을 회개한다.

누가복음에 따르면, 예수께서 베드로에게 이렇게 말씀하신다. "사탄이 너희를 밀 까부르듯 하려고 요구하였으나, 그러나 내가 너를 위하여 네 믿음이 떨어지지 않기를 기도하였노니"(눅 22:31-32). 예수께서 베드로가 최악의 상황에 빠지지 않도록 그를 위해 기도하셨기 때문에 베드로가 잘못을 뉘우치고 회개할 수 있었던 것이다. 가룟 유다 역시 잘못을 깨닫고 후회했지만 회개로 이어지지 못한 채 자살로 생을 마감하고 말았다. 두 제자 모두 예수를 배반했지만 베드로는 철저히 회개한 반면에 유다는 후회는 했지만 회개는 하지 않았다. 회개를 하고 안 하고의 차이가 두 사람의 인생을 이토록 다르게 만들었다. 베드로는 예수의 제자로 회복되어 신약 교회의 초석이 되었지만 유다는 예수를 판 배반자로 기록되어 역사에 길이 남게 되었다. 누구든지 실수하고 죄를 지을 수 있지만 진정으로 회개하고 주님 앞에 다시 나아가면 죄에서 해방되어 자유를 누릴 수 있다.

예루살렘 성전의 당국자인 대제사장들과 장로들은 산헤드린 공회에서 예수에게 신성 모독이라는 혐의를 적용하여 사형 선고를 내린다. 그들은 백성이 자신들의 잘못을 묻지 않도록, 그리고 예수를 로마 정부에 대한 반역자로 낙인찍히도록, 예수가 유대인의 왕이라고 자처했다고 모함하여 로마 총독 빌라도에게 넘긴다. 빌라도는, 예수가 스스로 유대인의 왕이라고 말했다고 해도, 그것은 어디까지나 정치적·군사적인 의미가 아닌, 유대의 종교적 의미로 사용되었을 뿐, 실제적으로 로마 제국에 도전하는 반역자가 아님을 알았다. 그는 로마 제국이 임명한 유대 팔레스타인 지역의 통치자였기 때문에, 유대인들의 종교와 문화에 대해 적지 않은 이해를 가지고 있었을 것이며, 그간 예수의 활동에 대해서도 보고를 받았을 것이다. 만일 예수와 제자들이 조금이라도 반역하는 행동을 보였다면, 대제사장들이 고발하기 전에 빌라도가 먼저 군대를 보내서 예수를 체포했을 것이다.

빌라도는 예수가 반역했다는 구체적인 증거가 부족하고, 유대 성전 당국자들이 시기해서 무고한 예수를 끌고 왔다는 것을 알고 있다. 그래서 예수를 석방시키려고 한다. 그의 아내도 사람을 보내어 예수가 무죄임을 주장한다. 그러나 한편으로 빌라도는 예수로 인해 민란이 일어날까 봐 두려워한다. 정치적으로 자신의 자리가 위험해지는 것을 원하지 않는 것이다. 그래서 백성이 원하는 대로, 무죄한 예수 대신 흉악한 강도인 바라바를 석방하고, 예수를 채찍질하여 십자가에 못 박히게 군병들에게 넘겨준다.

빌라도는 자신이 이 일에 죄가 없다고 주장하지만 그렇지 않다. 그는 예수에게 죄가 없다는 사실을 알았으면서도 예수를 처형하도록 판결했다. 단순히 죄가 없는 한 사람을 넘겨준 것으로 끝나지 않고, 하나님의 아들을 죽게 하는 중죄를 범했다. 그의 행위는 정당화될 수 없다. 정의를 추구하기보다는 자신의 안전과 자리에 연연하여 백성과 타협했고, 불의의 길을 택했다. 그 결과 빌라도는 인류 역사가 존재하는 한, 사도신경에 나오듯이, 무죄한 예수를 재판하여 십자가에 넘겨준 당사자로 영원히 남게 되었다.

(3) 처형당하고 장사되시다(27:27-61)

군병들이 예수를 조롱하고, 모욕하고, 옷을 벗기고, 죄수복을 입히고, 가시관을 씌우고, 채찍질한다. 채찍질은 십자가 처형의 전 단계에서 행해지는, 매우 잔인하고 비인간적인 체벌이었다. 끝에 날카로운 금속 조각이나 동물의 뼛조각 등을 달아맨 회초리로 죄수의 등을 때리면 등이 즉시 찢어지고 피가 나오며 극도의 고통을 느끼게 된다. 유대법은 마흔 번을 넘지 않도록 제한을 두었지만, 로마법은 백 번을 연속해서 채찍질할 수 있었다. 죄수는 가슴과 폐까지 손상을 입고 심하면 거의 죽음 직전에 이르렀다. 로마 군병들이 예수에게 얼마나 많이 채찍질을 했는지 정확히 알 수 없지만, 빌라도가 예수께서 십자가에서 그렇게 빨리 죽으신 것에 대해 놀란 것을 볼 때(막 15:44), 아마도 거의 죽기 전까지 갈 정도로 심하게 채찍질을 한 것 같다.

예수에게 채찍질 이상으로 고통스러웠던 것은 군병들의 모욕과 멸시와 조롱이었을 것이다. 그들은 예수를 향하여, "유대인의 왕이여, 평안할지어다"라고 비웃으면서, 침을 뱉고, 회초리로 머리를 때리고, 옷을 벗기면서 모욕을 주었다. 예수께서는 그 모든 행위에 일체 반응하지 않으신다. 이사야 53장에서 예언한 것처럼 도살장에 끌려가는 양처럼, 말없이 온갖 형태의 모욕과 조롱과 채찍질을 감수하신다. 인류를 구원하시려는 하나님의 뜻을 실현하는 데 있어서 이 과정을 피할 수 없음을 아시기에 능동적으로 받아들이고 계신 것이다.

예수는 하나님으로부터 유대인의 왕 곧 메시아, 하나님의 아들, 인자로 보내심을 받으셨다. 그러나 자기 백성을 죄와 죽음의 권세에서 건져 내어 하나님의 백성이 되게 하고, 이 땅에 사랑과 정의와 평화가 넘치는 하나님의 나라가 임하게 하는 일은, 총과 칼을 들고 유대인들이나 로마 정부에 대항하는 데서 이루어지는 것이 아니라, 오히려 조롱과 멸시와 모욕을 받으며 십자가 위에서 예수 자신이 죽는 것을 통하여 실현되기로 예정되어 있었다. 그 십자가가 바로 하나님의 구원의 능력이 나타나고, 하나님의 지혜가 선포되는, 하나님의 방법이다. 그래서 예수는 능동적으로 그 고통과 죽음을 받아들이신다.

십자가 처형에는 네 가지 모양의 틀이 사용되었다. 굵은 막대기 모양과 십자가 모양, 그리고 T자와 X자 모양이다. 학자들은 예수의 십자가 틀 위에 "이는 유대인의 왕 예수라"라는 죄패가 붙어 있었다는 점을 고려하여 예수께서 T자 모양에서 처형당하셨을 것이라고 추측한다. 예수는 처형장인 골고다에 도착한 후 좌우의 다른 죄수들과 함께 십자가에 못 박히신다. 양손과 양발에는 15cm 이상 되는 큰 못이 박혀서 손과 발에서 피가 많이 흘러나온다.

예수께서 돌아가시기 직전에 아버지 하나님께 이렇게 호소하신다. "나의 하나님, 나의 하나님, 어찌하여 나를 버리셨나이까?"(27:46) 이담 이후 전 인류는 마지막 심판 때 자신들의 죄로 인해 영원한 죽음이라는 심판을 받을 수밖에 없지만, 예수께서 죄인인 인류를 대변하는 죄인이 되셔서, 하나님께 버림받고, 인류를 대신하여 죽으심으로써 인류를 죄와 사망의 권세에서 해방시키시는 새로운 구원의 시대를 여신다. 예수의 죽음이 인류의 속죄와 구원을 가져오는 종말론적인 죽음이라는 사실은, 그분의 죽음 이후에 온 세상이 어두워졌고, 새 시대가 열린다는 점을 상징하듯이 성소의 휘장이 위에서 아래로 찢어졌으며, 땅이 진동하고 바위가 터졌으며, 죽은 성도들이 일시적으로 부활한 현상 등에서 잘 나타난다.

아리마대의 부자 요셉이 니고데모와 함께 빌라도에게 가서 예수의 시신을 달라고 요청한다. 요셉이 예수의 시신을 깨끗한 세마포로 싼 다음, 자신의 죽음을 대비해서 마련해 두었던 골고다 부근의 새 무덤에 장사한다. 십자가 위에서 온갖 조롱과 모욕을 받으며 돌아가신 예수의 죽음은 참으로 수치스러운 죽음이었다. 예수의 장사도 마찬가지다. 새 무덤에 장사되기는 했으나 적절한 절차 없이 신속하게 이루어졌다. 예수께서는 우리의 모든 죄를 지시고 수치스러운 죽음을 당했을 뿐 아니라 또한 우리 대신 수치스러운 매장을 당하셨다.

3. 위대한 반전: 부활과 새로운 시작(27:62-28:20)

만일 예수가 주인공인 드라마가 시작, 확장, 갈등과 반목, 심화와 절정으로 끝났다면, 거기에 무슨 의미가 있을까? 예수께서 신비롭게 잉태되어 태어나시고, 메시아와 하나님의 아들로서 놀라운 이적을 행하시고, 하나님의 나라에 관해 설교하셨다고 하더라도, 그분이 십자가 위에서 돌아가신 것으로 드라마가 끝나 버렸다면 어쩌면 인류는 예수를 곧 잊어버렸을지도 모른다. 제자들은 낙심하여 뿔뿔이 흩어져 버렸을 것이고, 평생 절망하며 살아갔을 것이다. 예수를 대적하던 무리는 승리의 잔을 높이 들었을 것이다.

하지만 네 개의 복음서 모두 성금요일에 일어났던 예수의 죽음으로 이야기가 끝나지 않는다. 부활이라는 반전 내용이 이어진다. 부활하신 예수께서 낙심한 제자들을 찾아가 믿음을 심어 주시고, 새로운 소명을 주시고, 영원토록 그들과 함께하시겠다는 임마누엘의 약속을 주시는 것으로 이야기가 종결된다. 예수께서 직접 예고하신 대로 십자가에서 죽으신 후 사흘 후에 부활하셨기에, 그분은 모든 사람 앞에서 자신이 참된 메시아이며, 하나님의 아들이며, 새로운 인류를 대변하는 마지막 아담이며, 새로운 이스라엘을 대변하는 이스라엘임을 입증하셨다. 예수께서 죄와 사망의 권세를 깨뜨리고 부활하셨기 때문에 이제 누구든지 그분을 믿는 자는 그분과 함께 사망에서 생명으로 옮겨지고 영원히 같이 살게 된다. 이처럼 예수 드라마는 부활의 승리로 종결된다.

(1) 무덤을 지키는 경비병들(27:62-66)

예수의 시신이 매장된 후, 대제사장들과 바리새인들이 빌라도의 허락을 받아 경비병들을 보내어 무덤을 단단히 지키도록 명령한다. 무덤을 지키게 한 이유는, 제자들이 시체를 훔쳐간 다음 예수가 살아났다고 백성을 현혹시키는 것을 사전에 방지하기 위함이다. 이는 예수의 죽음이 역사적으로 진짜 일어난 사건이었으며, 예수가 잠깐 기절했다가 깨어났다고 하는 소위 기절설이나, 제자들이 시체를 훔쳐갔다는 도난설 등이 하등의 역사적 근거가 없음을 나타내 준다.

(2) 부활(28:1-15)

복음서는 예수가 어떻게 십자가 처형을 당했으며, 어떻게 장사되었는지, 그리고 경비병들이 예수의 무덤을 왜 지켰는지에 대해서는 상세히 설명한다. 하지만 예수께서 죽은 상태에서 어떻게 부활하게 되셨는지, 부활하신 몸이 전과 달라진 점이 무엇인지, 그리고 그 부활 현장을 누가 지켜보았는지에 대해서는 거의 설명하지 않는다. 다만 예수의 무덤을 찾아간 사람들이 무덤이 비어 있는 것을 보았고, 천사들에게 예수께서 살아나셨다는 소식을 들었으며, 부활하신 예수께서 제자들 앞에 직접 나타나셨다는 사실을 일종의 증언 형식으로 전한다.

예수의 부활은 인류 역사상 한 번도 일어나지 않았던 전혀 새로운 사건이기 때문에, 이를 과학적으로 증명하거나 재현하는 것은 불가능하다. 그렇지만 이 부활 사건이 실제로 일어났음을 증명해 주는 여러 역사적 증거와 증언이 있다. 그중 하나가 여자들이 무덤을 찾아간 사건과 부활하신 예수께서 이들에게 나타나신 사건이다. 안식일(토요일)이 지난 첫날(오늘날의 주일) 아침 일찍, 예수의 처형 현장을 지켜보았던 여자들이 예수의 무덤으로 간다. 그러나 예수의 시신은 보이지 않고 천사들만 그곳에 있다. 천사들이 예수께서 부활하셨다는 소식을 전하고 이 소식을 제자들에게 속히 알리라고 당부한다. 여자들이 제자들에게 가는 도중에, 부활하신 예수께서 여자들에게 직접 나타나신다. 이들은 너무나 기뻐하며 예수의 발을 붙잡고 그 분께 경배한다. 이처럼 예수께서는 성경에 기록된 대로 죽으셨다가, 성경에 기록된 대로 사흘 후에 부활하셨다(고전 15:3-4).

무덤을 지켰던 경비병들이 무덤에서 일어난 일을 대제사장들에게 보고한다. 경비병들은 큰 지진이 일어나고, 천사가 내려와 무덤을 막았던 큰 돌을 굴려 내고 그 위에 앉아 있던 모습을 보았다. 대제사장들이 당황하여 그들에게 돈을 주면서 제자들이 예수의 시체를 도둑질해 갔다고 거짓 증언을 하도록 교사한다. 그렇게 한다고 해서 부활 사건이 숨겨질 수는 없다. 돈이 경비병들의 양심을 계속 가릴 수는 없었을 것이며, 대제사장들도 그들의 양심의 가책을 계속 외면할 수는 없었을 것이다. 경비병들의 보고와 그들을 매수한 대제사장들의 교사 활동이 오히려 예수의 부활이 실제로 일어났음을 확신시켜 준다. 예수께서 부활하지 않으셨다면, 보고와 매수도 없었을 것이다.

(3) 에필로그: 부활하신 예수의 분부(28:16-20)

이 본문은 마태복음의 종결 부분으로, 드라마의 대단원이 막을 내린다. 이 문단의 내용과 특징을 다음과 같이 몇 가지로 나누어 살펴볼 수 있다.

첫 번째, 갈릴리 지역이 소개되고 제자들이 소명을 다시 받는 장면을 그린다. 예수의 죽음과 부활 사건이 일어난 장소는 예루살렘이었다. 이 본문에서는 "예수께서 지시하신 산"이 그 지역적 배경이다. 산의 명칭이 언급되지는 않았지만 예수께서 지시하신 것으로 보아 제자들이 잘 알고 있는 산, 아마도 산상 설교를 들었던 갈릴리 지역의 그 산일 것이다. 그렇다면 예수의 첫 사역 장소와 마지막 장소가 서로 평행을 이룬다. 제자들이 예수께 부름을 받았던 그곳, 그리고 하나님 나라의 여덟 가지 복을 누리는 자로, 세상의 소금과 빛으로 세워진 그곳 갈릴리 산에서, 예루살렘 출신의 가룟 유다를 제외한 갈릴리 출신의 열한 명의 제자가 부활하신 예수를 만나 경배하고, 그분께 소명을 다시 받는다. 그들은 처음에 "사람을 낚는 어부"가 되라는 소명을 받았는데(4:19), 이제는 하늘과 땅의 모든 권세를 가지신 예수께서 "모든 민족을 제자로 삼으라"는, 더 원대한 소명을 내려 주신다.

두 번째, 우주적이고 종말론적인 의미를 가진 "모든"이라는 표현이 네 번이나 나온다. (1) 예수께서 하나님과 동등하게, 하늘과 땅의 "모든 권세"를 가지셨다. (2) 예수의 제자들이 제자로 삼아야 할 대상은 유대인만이 아닌 인종과 신분과 성과 지역을 뛰어넘는 "모든 민족"이다. (3) 제자들은 모든 민족에게 예수께서 분부하신 "모든 것"을 가르쳐 지키게 해야 한다. (4) 예수께서 제자들과 "모든 날"(세상 끝 날까지)에 항상 함께 있겠다는 종말론적인 임마누엘을 약속하신다. 이 약속은 사실상 제자들이 예수의 분부를 수행할 있도록 예수께서 도우신다는 보증이다.

세 번째, 예수께서 처음으로 아버지, 아들, 성령의 삼위 하나님을 거명하신 후, 제자들에게 삼위 하나님의 이름으로 모든 민족에게 세례를 베풀라고 명령하신다. 10장에서 예수는 제자들을 파송하시면서, "더러운 귀신을 쫓아내며 모든 병과 모든 약한 것을 고치는 권능"을 주셨다. 이제 삼위 하나님의 이름을 사용할 수 있는 신적인 권세를 더하신다. 주기도문의 첫 번째 청원인 "하늘에 계신 우리 아버지여, 이름이 거룩히 여김을 받으시오며"에 나오듯이, 하나님의 이름은 그분의 권세를 대변한다.

네 번째, 예수의 명령이 제자들의 즉각적인 행동을 요구하는 하나의 주동사와 세 개의 분사로 구성되어 있다. 여기서 주동사는 "제자로 삼아"라는 명령이고, 세 분사는 주동사 앞에 있는 "가서"와 주동사 뒤에 있는 "세례를 베풀고"와 "가르쳐"다. 문법적으로 보면 "가서"는 일종의 부대 상황 분사로, 사실상 주동사와 동등한 역할을 한다. "세례를 베풀고", "가르쳐"는 주동사를 수식하는 분사다. 이를 토대로 다시 해석하면, "너희는 '가라.' 그리고 모든 민족을 '제자로 삼으라.' 그들에게 '세례를 베풀고', 그들을 '가르치면서.'" 이처럼 주동사 뒤에 나오는 분사는 제자를 삼으라는 동사를 수행할 때 따라 나오는 행위다. 마태복음 저자는 서두에 나오는 예수의 계보에 신분이 낮은 네 명의 이방인 여자들을 등장시킴으로써 예수가 이스라엘 민족뿐 아니라 모든 민족을 구원하실 메시아라는 점을 암시했다. 여기에서는 모든 민족의 구원을 위한 구체적인 행동 방안이 제시된다. 가서, 세례를 베풀고, 가르쳐, 모든 민족을 제자로 삼으라.

다섯 번째, 구약 인용을 직접적으로 하지는 않지만 몇 개의 구약 본문이 암시되어 있다. (1) 하나님이 아브라함에게 주신 언약이다. 곧 "땅의 모든 족속(민족)이 너로 말미암아 복을 얻을 것이라"(창 12:3). 마태복음 서두에서는 예수가 아브라함의 후손이라고 밝히는데 그 아브라함의 후손인 예수께서 이제 "땅의 모든 민족"을 제자로 삼으라고 명령하신다. 모든 민족에게 "복을 얻을" 기회를 주시는 것이다. 이 점에서 예수의 명령은 아브라함이 받은 언약의 성취다.

(2) 하나님이 이사야와 에스겔 선지자에게 주신 임마누엘의 약속이 암시되어 있다. "보라. 처녀가 잉태하여 아들을 낳을 것이요. 그의 이름을 임마누엘이라 하리라"(사 7:14). "내가 그들과 화평의 언약을 세워서 영원한 언약이 되게 하고, 또 그들을 견고하고 번성하게 하며, 내 성소를 그 가운데에 세워서 영원히 이르게 하리니, 내 처소가 그들 가운데에 있을 것이며, 나는 그들의 하나님이 되고 그들은 내 백성이 되리라. 내 성소가 영원토록 그들 가운데에 있으리니"(겔 37:26-28). 이미 1:23에서도 이사야 7:14이 인용되어 예수의 탄생이 하나님께서 우리와 함께하신다는 임마누엘의 성취임을 나타냈다. 그리고 이 마지막 부분에 다시 임마누엘의 약속이 나온다. "내가 세상 끝 날까지 너희와 항상 함께 있으리라"(28:20). 이사야와 에스겔 선지자가 예언한 그 약속이 이제 예수의 말씀으로 성취된 것이다.

부활하신 예수의 명령을 끝으로 예수의 이야기, 곧 복음의 시작(1-4장), 복음의 확장(5-10장), 복음에 대한 도전과 대응(11-23장), 그리고 복음의 절정과 반전(24-28장) 내용이 종결된다. 마태복음의 첫 독자들은 이 드라마를 듣고 읽으면서 자신들의 신앙의 뿌리와 정체성과 사명을 재확인했을 것이다. 그들이 믿는 예수는 하나님의 아들이며, 이스라엘의 메시아이고, 온 세상을 통치하는 왕이며 주님이라는 사실을, 백성을 가르치는 위대한 선생이며, 그들의 질병과 모든 약한 것을 짊어지는 위대한 목자이라는 것을, 죄와 사망과 사탄의 권세에서 백성을 구원하고, 악의 무리에 대해서는 단호하게 심판하는 구원자와 인자임을, 그리고 모든 민족을 제자로 삼으라는 위대한 선교의 명령을 주고, 그 명령이 온전히 수행될 수 있도록 백성과 함께 영원히 계시겠다는 임마누엘의 약속을 하신 분이라는 사실을 분명하게 깨달았을 것이다.

동시에, 독자들은 예수의 이야기, 예수의 드라마를 자신들의 이야기, 자신들의 드라마에 대입해서 듣고 읽었을 것이다. 복음에 도전하는 자들을 향하여 예수께서 천국 복음을 전파하며 대응하시는 모습을 보고 읽고 들으면서 자신들이 겪어야 할 도전과 그에 대한 대응 방법을 생각해 보았을 것이다. 부활하심으로써 극적인 반전을 보여 주신 예수를 보며 승리하는 삶을 살아가기로 다짐했을 것이다. 새로운 부활의 삶이 이미 시작되었음을 깨달았을 것이다. 그래서 예수의 명령대로, 세상으로 가서, 모든 민족을 가르치고, 세례를 베풀면서, 제자로 삼는 사역을 할 용기를 얻게 되었을 것이다.

현대를 살아가는 우리도 마찬가지다. 이 드라마를 읽고 듣고 보는 모든 이가 예수의 명령대로 살아가야 한다. 예수께서는 우리가 이렇게 살아갈 수 있도록 항상 우리 옆에서 말씀하시고 우리를 도우시는 임마누엘의 하나님이시다.

나가는 말

마태복음은 아브라함과 다윗의 자손 메시아(그리스도) 예수에 대한 이야기요, 예수가 주인공인 드라마다. 그분은 이스라엘의 왕이며 동시에 이스라엘과 모든 민족의 죄와 질병을 짊어지고 그들을 대신해서 희생제물로 드려질 야훼의 종이다. 죄를 사하고, 귀신을 쫓아내고, 바람과 바다까지도 통치하시는 하나님의 아들이다. 백성의 질병과 약한 것을 고쳐 주며, 굶주림을 채워 주시는 목자다. 하나님의 나라를 가르치고, 선포하시는 위대한 설교자요 교사다. 불의한 자들과 악한 자들을 심판하시는 인자다.

마태복음에서는 예수의 전 사역을 "가르치시며, 천국 복음을 전파하시며, 백성 중의 모든 병과 모든 약한 것을 고치신 것"(4:23; 9:35)이라고 요약한다. 천국, 곧 하나님의 나라는 예수의 사역에서 가장 중요한 주제다. 그분의 사역 중 어느 하나라도 하나님의 나라와 연결되지 않은 것이 없다. 예수께서는 단순히 하나님의 나라의 도래를 선포하고 가르치시는 선지자가 아니셨다. 실제로 이 땅에 하나님의 나라가 오게 하고, 이루어 가게 하시는 분이다. 하나님의 나라는 그분을 통해서 이미 이 땅에 도래했고, 계속 이루어지고 있으며, 그리고 장차 그분이 다시 오심으로써 완성될 것이다. 이 하나님의 나라는 예수의 죽음과 부활 사건에서 가장 구체적으로 드러난다. 이 사건들을 통해서, 하나님의 나라를 대적하고 방해하는 죄와 죽음과 사탄의 세력이 정복되었고, 백성을 구원하셔서 하나님 나라의 백성으로 삼아 주신 하나님의 신실함과 사랑이 구체적으로 표현되었기 때문이다.

예수의 죽음과 부활은 하나님께서 아브라함과 다윗과 맺으신 언약(창 12:2-3; 삼하 7:12-16)과 예레미야에게 주신 새 언약(렘 31:31-33), 그리고 에스겔에게 주신 화평의 언약(겔 37:26-28)의 구체적인 성취다. 아브라함의 후손인 예수는 십자가에서 죽으시고 부활하심으로써 이스라엘과 모든 민족의 구원을 위한 근거를 마련하시고 모든 민족의 회복을 위한 위대한 선교의 길을 여셨다. 그리고 하늘과 땅의 모든 권세를 가지신 왕 중의 왕으로 나타나셨으며, 돌로 만든 성전이 아닌 자신이 친히 머리가 되시고 몸이 되신 교회 곧 하나님 나라의 백성을 세우셨다. 옛 언약을 성취하시고, 하나님께서 친히 그 성취를 책임지시는 예레미야의 새 언약을 이루셨다. 세상 끝 날까지 항상 우리와 함께하시겠다는 약속을 통해 에스겔의 화평의 언약을 이루셨다.

마태복음은 어느 복음서보다도 교회를 위한 복음이다. 사복음서 중 유일하게 "교회"라는 단어가 나올 뿐 아니라, 예수께서 친히 자기 교회를 세우시겠다는 약속이 들어 있다. 마태복음에 나오는 유명한 다섯 개의 설교, 산상 설교(5-7장), 선교 설교(10장), 천국 비유 설교(13장), 교회 생활 설교(18장), 종말 설교(24-25장)는 근본적으로 교회를 향한 설교다. 예수께서는 이 다섯 개의 설교를 통해서 교회의 정체성과 사명을 가르쳐 주신다.

마태복음이 교회를 위한 복음이라는 사실은 오늘날 우리가 마태복음으로부터 교회의 정체성과 사명을 배워야 한다는 당위성을 보여 준다. 한국 교회는 기독교 선교 역사상 그 유례를 찾아보기 힘들 정도로 빠르게 성장하고 부흥했으며, 현재는 세계 선교의 주역으로서 축복을 누리고 있다. 그러나 한국 교회는 마태복음에서 강조하는 세상의 소금과 빛으로서의 역할과 사명을 충분하게 구현하지 못하고 있다. 하나님 나라의 백성이 된다는 것은, 그리고 예수의 참된 제자가 된다는 것은 영광스러운 길만 걷는 것이 아니라, 고난의 십자가도 져야 한다는 사실을 잊어버렸다. 교회가 세상의 빛과 소금이라는 정체성도 잊어버렸다.

마태복음의 주인공인 예수의 삶은 우리를 위한 삶이며, 우리를 통해 구현되어야 하는 삶이다. 본서에서는 마태복음에 나오는 예수의 사역과 사명, 그리고 우리를 향하신 사랑에 대해 살펴보았다. 이 작은 책이 한국 교회를 갱신하고, 이 세상에서 하나님의 나라를 구현하는 데 조금이라도 기여하기를 바란다.

주요 참고 문헌

목회와신학 편집부 엮음. 『마태복음 어떻게 설교할 것인가』. 서울: 두란노아카데미, 2003.

베일리, K. E. 『중동의 눈으로 본 예수』. 박규태 옮김. 서울: 새물결플러스, 2016.

라이트, N. T. 『예수와 하나님의 승리』. 박문재 옮김. 서울: 크리스천다이제스트, 2004.

스위틀리, 윌라드 M. 『이스라엘의 성경전승과 공관복음서』. 류효영 옮김. 서울: 대서, 2010.

아리스토텔레스. 『시학』. 천병희 옮김. 서울: 문예출판사, 2004.

양용의. 『마태복음 어떻게 읽을 것인가?』. 서울: 성서유니온, 2005.

채영삼. 『긍휼의 목자 예수: 마태복음 이해 』. 고양: 이레서원, 2018.

최갑종. 『나사렛 예수』. 서울: 기독교문서선교회, 1997.

____. 『예수님이 주신 기도: 주기도문 해설』. 고양: 이레서원, 2000.

____. 『예수님의 비유』. 고양: 이레서원, 2014.

____. 『예수 그리스도: 그의 생애와 가르침』. 서울: 기독교연합신문사, 2005.

____. "소위 '예수', '율법(토라)', 그리고 '제자들'-마태복음 5:17-20을 중심으로." 「신약논단」 19권 2호(2012), 395-421.

킹스베리, J. D. 『마태복음서 연구』. 김근수 옮김. 서울: 기독교문서선교회,

1990.

____. 『이야기 마태복음』. 권종선 옮김. 서울: 요단출판사, 2000.

프란스, R. T. 『마태신학』. 이한수 옮김. 서울: 엠마오, 1989.

Burridge, Richard A. *What Are the Gospels? A Comparison with Greco-Roman Biography*. Second Edition. Grand Rapids: Wm. B. Eerdmans, 2004.

Hengel, M. *The Four Gospels and the One Gospel of Jesus Christ: An Investigation of the Collection and the Origin of the Canonical Gospels*. Harrisburg: Trinity Press International, 2000.

Jeremias, Joachim. *New Testament Theology: The Proclamation of Jesus*. New York: Charles Scribner's Sons, 1971.

Luz, Ulrich. *Matthew 1-7*. A Commentary. Minneapolis: Fortress, 1989.

____. *Matthew 8-20*. A Commentary. Minneapolis: Fortress, 2001.

____. *Matthew 21-28*. A Commentary. Minneapolis: Fortress, 2005.

____. *Studies in Matthew*. Grand Rapids: Wm. B. Eerdmans, 2005.

Nolland, John. *The Gospel of Matthew*. NIGTC. Grand Rapids: Wm. B. Eerdmans, 2005.

Stanley, Alan P. *Did Jesus Teach Salvation by Works? The Role of Works in Salvation in the Synoptic Gospels*. Eugene: Pickwick Publication, 2006.

Stonehouse, N. B. *The Witness of Matthew and Mark to Christ*. London: Tyndale, 1944.

이레서원 출간 도서

■ 설교

1. 『청년 설교: 청년 예배, 설교, 사역 노하우』 김상권
2. 『엑설런트 프리칭: 성경과 오늘의 세계를 잇는 설교』 크레이그 바르톨로뮤(김광남 역)
3. 『21세기에 다시 본 존 칼빈의 설교와 예배』 이현웅
4. 『설교자를 위한 공동서신 강해』 김병국
5. 『1인칭 내러티브 설교』 해돈 로빈슨 외(전광규 역)

■ 성경 연구

1. 『중동의 눈으로 본 예수님의 비유』 케네스 E. 베일리(오광만 역)
2. 『하나님 중심의 성경 해석학』 번 S. 포이트레스(최승락 역)
3. 『히브리서 산책: 성취와 기다림』 최승락
4. 『성경 역사, 지리학, 고고학 아틀라스』 앤손 F. 레이니 외(강성열 역)
5. 『예수님의 비유』 최갑종
6. 『갈라디아서』 최갑종
7. 『(이해와 설교를 위한) 고린도후서 주석』 조석민
8. 『로마서: 이방인의 사도가 전한 복음』 최종상
9. 『어떻게 천천히 읽을 것인가』 제임스 사이어(이나경 역)
10. 『(이해와 설교를 위한) 요한복음』 조석민
11. 『다시 읽는 창세기』 민경구
12. 『예수님의 비유 해석 입문: 배경, 해석사, 해석 원리와 실제』 로버트 스타인(오광만 역)

13. 『골로새서 · 빌레몬서』(한국성경주석 12) 길성남

14. 『고린도에서 보낸 일주일: 바울 사역의 사회적, 문화적 정황 이야기』 벤 위더링턴 3세(오현미 역)

■ 신학

1. 『마크 존스의 선행과 상급』 마크 존스(오현미 역)
2. 『마크 존스의 예수 그리스도』 마크 존스(오현미 역)
3. 『조지 래드의 종말론 강의』 조지 래드(이승구 역)
4. 『칭의의 여러 얼굴』 제임스 패커 외(김형원 역)
5. 『선지자적 반시대성』 오스 기니스(김형원 역)
6. 『예수님과 안식일 그리고 주일』 양용의
7. 『삼위일체: 신약신학 · 실천신학적 연구』 리처드 보컴 외(신호섭 역)
8. 『구약의 그리스도, 어떻게 설교할 것인가』 시드니 그레이다누스(김진섭, 류호영, 류호준 역)
9. 『아들을 경배함: 초창기 기독교 예배 의식 속의 예수』 래리 허타도(송동민 역)
10. 『바울 복음의 심장: 개인, 교회, 창조세계를 변화시키는 복음』 데이비드 드실바(오광만 역)
11. 『(소요리문답과 함께하는) 365 교리 묵상』 임경근
12. 『예배학 지도 그리기: 목회자와 예배 사역자를 위한 예배 기획 지침서』 문화랑
13. 『영적 전쟁: 바울 서신으로 본 사탄과 악한 영들』 클린턴 E. 아놀드(길성남 역)

■ 채영삼 교수 저서

1. 『긍휼의 목자 예수: 마태복음의 이해』
2. 『지붕 없는 교회: 야고보서의 이해』
3. 『십자가와 선한 양심: 베드로전서의 이해』
4. 『신적 성품과 거짓 가르침: 베드로후서의 이해』
5. 『삶으로 드리는 주기도문』
6. 『삶으로 내리는 뿌리』
7. 『공동서신의 신학: '세상 속의 교회', 그 위기와 해법』
8. 『코이노니아 성경 해석 가이드북』

■ 〈일상을 변화시키는 말씀〉 시리즈

1. 『하나님께 소리치고 싶을 때: 욥기』 크레이그 바르톨로뮤(송동민 역)
2. 『십자가와 보좌 사이: 요한계시록』 매튜 에머슨(김광남 역)
3. 『신비를 엿보다: 다니엘』 바바라 륭 라이(송동민 역)
4. 『무대 뒤에 계신 하나님: 에스더』 웨인 바크후이젠(송동민 역)
5. 『왕을 버리다: 사사기』 데이비드 벨드먼(김광남 역)
6. 『기도의 심장: 누가복음』 크레이그 바르톨로뮤(송동민 역)
7. 『소외된 이들의 하나님: 룻기』 캐롤린 C. 제임스(이여진 역)
8. 『함께 세상으로: 사도행전』 마이클 와겐맨(이여진 역)
9. 『우주의 시작: 창세기 1-11장』 드루 존슨(이여진 역)

■ 영적 성장

1. 『요한계시록 40일 묵상 여행』 이필찬

2. 『365 힐링 묵상: 밤에 부르는 아침의 노래』 류호준

3. 『복음과 생명』 서형섭

4. 『마르바 던의 위로』 마르바 던(김병국 역)

5. 『고귀한 시간 낭비 '예배'』 마르바 던(김병국, 전의우 역)

6. 『말씀 앞에 서는 용기: 구약 인물의 실패에서 배우다』 한주원

7. 『다시 시작하는, 엄마 수업』 하재성

8. 『우울증, 슬픔과 함께 온 하나님의 선물』 하재성

9. 『강박적인 그리스도인』 하재성

10. 『5가지 친밀한 관계』 레스&레슬리 패럿(서원희 역)

11. 『하이 콜링: 당신을 향한 하나님의 거룩한 초대』 모리스 로버츠(황영철 역)

12. 『아름다운 '안녕': 확신과 소망으로 죽음이라는 신비에 다가가라』 매럴린 매킨타이어(오현미 역)

■ 〈믿음의 재발견〉 시리즈

1. 『기도하는 즐거움』 마이클 리브스(송동민 역)

2. 『두려움 없는 전도』 폴 윌리엄스(이여진 역)

3. 『변하지 않는 말씀: 성경의 선함과 유익, 그리고 모순과 난제』 앤드루 윌슨(송동민 역)

4. 『담대한 믿음: 모든 상황에서 예수님을 신뢰하는 법』 조너선 스티븐(이민희 역)

MATTHEW